ODEIO MEUS PAIS!

Blucher

ODEIO MEUS PAIS!

e outros ateliês

VOLUME 2

Marion Minerbo

Revisão técnica

Isabel Lobato Botter
Luciana Botter

Colaboradora

Fernanda de Barros Machado Borges

Odeio meus pais! e outros ateliês – volume 2

Editora Edgard Blücher Ltda.

Publisher Edgard Blücher
Editor Eduardo Blücher
Coordenador editorial Rafael Fulanetti
Pré-produção: Aline Fernandes
Coordenação de produção Andressa Lira
Produção editorial Departamento de produção da Blucher
Preparação de texto Regiane da Silva Miyashiro
Diagramação Departamento de produção da Blucher
Revisão de texto Juliana Leuenroth
Capa Leandro Cunha
Imagem da capa "Sem título", Marion Minerbo, 2023

Blucher

Rua Pedroso Alvarenga, 1245, 4º andar
04531-934 – São Paulo – SP – Brasil
Tel.: 55 11 3078-5366
contato@blucher.com.br
www.blucher.com.br

Segundo o Novo Acordo Ortográfico, conforme 6. ed. do *Vocabulário Ortográfico da Língua Portuguesa*, Academia Brasileira de Letras, julho de 2021.

Dados Internacionais de Catalogação na Publicação (CIP)
Angélica Ilacqua CRB-8/7057

Minerbo, Marion
Odeio meus pais!: e outros ateliês/Marion Minerbo; revisão técnica Isabel Lobato Botter, Luciana Botter. – São Paulo: Blucher, 2024.
112 p. (Série Ateliê Clínico; vol. 2)

Bibliografia
ISBN 978-85-212-2336-8

1. Psicanálise I. Título II. Botter, Isabel Lobato III. Botter, Luciana IV. Série

24-2716 CDD 150.195

Índice para catálogo sistemático:
1. Psicanálise

Para você.

Conteúdo

Agradecimentos

Em primeiríssimo lugar, agradeço às e aos colegas que apresentaram material clínico nos meus ateliês. Não cito nomes porque, preservando a identidade do analista, não há como identificar o paciente. A alma da *Série Ateliê Clínico* depende inteiramente de sua generosidade e da autorização final para a publicação.

Às e aos jovens colegas que têm participado dos meus ateliês todos esses anos. Sempre me emociono ao ver que o tipo de discussão que proponho faz sentido e confirma para todos nós a beleza da psicanálise. Foi o que me motivou a compartilhar nosso processo com o público psi.

À Fernanda de Barros Machado Borges, minha colaboradora, por sua incrível capacidade de reconhecer, em pleno processo, os movimentos mais importantes dos ateliês e transformá-los em texto. Sem essa matéria-prima preciosa seria difícil produzir esta Série.

Ao Gabriel Gualtieri, pela cuidadosa leitura e interlocução de cada ateliê. Um leitor qualificado que me conte como estou sendo lida – o que faz sentido e o que não faz, o que está claro e o que precisa ser mais bem explicado – é tudo de bom. É essencial.

À Bruna Paola Zerbinatti, pela quarta capa. É bom contar com uma jovem colega e amiga cuja intimidade com textos lhe permite fazer uma leitura crítica, bem como extrair as ideias essenciais. Saber ler é um talento.

À Isabel Lobato Botter e Luciana Botter, que há anos me acompanham na lida com as palavras. Fico feliz com o "retorno de AnaLisa", a jovem colega que veio ao mundo com os *Diálogos sobre a clínica psicanalítica* (Blucher, 2016). Estava sentindo sua falta. Agradeço demais pela leitura, pela ajuda com a bibliografia e pelo amoroso trabalho de revisão.

À Liana Pinto Chaves, pela amizade de tantos anos e pela generosa hospedagem por ocasião da minha estadia no Brasil no verão de 2023. Foi na tranquilidade proporcionada por seu acolhimento que foi cravada a pedra fundamental da *Série Ateliê Clínico*.

À Cris Rocha e Kika Levy, minhas queridas mestras na arte da gravura. Nosso reencontro a cada ano me faz sonhar. Estar grávida de um livro é também sonhar com a capa e produzir a gravura que vai ilustrá-la.

Ao maravilhoso time da Blucher, pelo entusiasmo com que acolheram a proposta.

Às minhas leitoras e aos meus leitores. Escrevo para vocês.

Algumas palavras

Este é o segundo volume da *Série Ateliê Clínico*. Embora cada volume possa ser lido de forma independente, recomendo ao leitor começar a jornada pela leitura do primeiro volume, *Para que serve uma análise?*, no qual justifico a pertinência e apresento os pressupostos teóricos que formam o pano de fundo do meu trabalho.

Cada ateliê nos confronta com um desafio diferente. O relato mostra o esforço que precisamos fazer para reconhecer "quem" é o paciente que está na nossa frente de modo a conduzir aquela análise de forma mais produtiva. Mostra também como cada ateliê é a ocasião para integrarmos teoria e clínica e discutirmos questões pertinentes àquele caso.

Quando me perguntam como eu gostaria que trouxessem o material clínico, explico que não quero as tradicionais sessões dialogadas porque me dão a sensação de material clínico fixo em formol. Prefiro uma apresentação espontânea, viva, de qualquer coisa que tenha chamado a atenção do ou da colega que está apresentando o caso. A ideia é irmos construindo o caso juntos, ao longo do ateliê.

Neste segundo volume, temos três ateliês. O primeiro ("*Odeio meus pais!*") trata de Cida, uma mulher cuja vida é dedicada a "corrigir as injustiças" de que é vítima. O segundo ("O adolescente sem saída") trata de Paulo, que fracassa em sua travessia adolescente porque está capturado na função de ser o troféu narcísico para o pai. E o terceiro ("O vínculo que vira fumaça") trata de Antônio, jovem adulto cuja vida está à deriva. Nele foi possível reconhecer falhas no vínculo primário que o impedem de construir uma vida com sentido.

Nos três relatos, você vai reconhecer meu método de "ir construindo o caso" ao longo dos quatro encontros. E vai poder acompanhar de que modo as hipóteses e o pensamento clínico elaborado revertem para a condução do caso.

Ateliê 1
"Odeio meus pais!"

Escolhi este ateliê para abrir o volume 2 porque mostra alguns aspectos muito comuns da clínica do supereu cruel na sua vertente paranoica (há também a vertente melancólica).

É um tema que conheço bem, de modo que não foi difícil reconhecer, logo no primeiro encontro, a constelação sintomática da paciente Cida e os principais aspectos de seu funcionamento psíquico. Pudemos ver também um elemento que se repete na contratransferência do atendimento de pacientes paranoicos: o medo de se tornar objeto de ódio do paciente, ou seja, de ser "cancelada".

A grande dificuldade que se coloca na clínica desses pacientes é descolar do conteúdo manifesto. Somos capturados por historinhas[1] muito con-

1 Tenho usado o termo "historinhas", que já faz parte de um léxico compartilhado nos meus ateliês, porque parece se referir ao relato de assuntos que parecem banais e desimportantes. Ou que já ouvimos tanto que já não conseguimos escutar analiticamente. Insisto muito na riqueza das historinhas, pois é lá, na repetição delas, que está o material que, ao ser interpretado, permite ao paciente retomar o processo de simbolização interrompido pelo traumático.

vincentes – sempre as mesmas – de como foram desrespeitados, humilhados, prejudicados ou injustiçados, e como não tiveram alternativa a não ser partir para a briga. Corremos o risco de fazer intervenções superegoicas que retraumatizam o paciente e instalam uma transferência negativa difícil de manejar.

Para evitar esse problema, e para ajudar o paciente a retomar seu processo de simbolização do traumático, não há outro caminho a não ser acessar o sofrimento da criança-no-adulto.[2] Como o caso é muito típico, foi uma excelente oportunidade para mostrar aos participantes do ateliê como as ideias que desenvolvi no meu texto sobre a constituição do supereu cruel nos ajudam a entender e a trabalhar com esse tipo de paciente (Minerbo, 2019a). Foi um bom exercício de integração teórico-clínica.

Primeiro encontro

Cida, 30 anos, enfermeira. É a mais velha de três irmãos. Conta uma história cheia de tragédias, transbordando de ódio por todos os poros.

> *Minha gestação não foi planejada. Nasci de um momento de loucura daquele homem (pai), que transou com aquela mulher (mãe). Ela era uma mulher da vida. Não tive pai nem mãe. Tive dois bichos que se uniram e pariram uma filha.*
> *Desde os sete anos tive que ajudar a cozinhar, lavar, limpar e cuidar dos meus irmãos. Com dez anos, minha*

2 Sigo Sándor Ferenczi (1909/1991, p. 98) quando fala da criança no adulto, mas acrescento o hífen para deixar claro que se trata de um conceito: o infantil (e/ou o arcaico). É uma referência aos restos não integrados da nossa história emocional e à cicatriz viva de um passado que não passou e continua produzindo efeitos em nossas vidas.

mãe saiu de casa. Meu pai tinha sumido. Eu e meus irmãos ficamos três dias na calçada esperando que alguém nos ajudasse. Com 14 anos, descobri que minha mãe tinha fugido para se casar com outro homem.

~

Minha mãe teve complicações no meu parto e quase morreu. Toda hora ela me dizia: "você quase me matou". Apesar do ódio que eu sentia dela, quando descobri que meu pai estava traindo, fiquei revoltada. Peitei o meu pai para defendê-la. Ele ficou com ódio de mim e dizia que eu era uma vagabunda igual à minha mãe.

Sempre fui considerada bocuda porque eu não aceitava as coisas, dizia tudo na cara. Fiz isso com meu pai, faço com todo mundo.

Uau! Cida sabe como causar impacto! De todas essas tragédias, as que se destacam na minha escuta são as duas últimas. A mãe que a acusa de quase matá-la. E ela peitando o pai, que a acusa de ser vagabunda e bocuda. Explico aos participantes do ateliê que essas historinhas chamam mais a minha atenção porque as interpreto como ataques filicidas. O pano de fundo da minha escuta são as ideias que desenvolvi no meu texto sobre a constituição do supereu cruel (Minerbo, 2019b).

O aspecto paranoico do objeto projeta para dentro da criança seus próprios objetos internos maus, vê a criança "do mal" como ameaça à sua integridade narcísica, e deseja se livrar dela – são o que tenho chamado de ataques filicidas ou microvotos de morte.

Veja só. Cida *não deveria ter nascido* (ela veio atrapalhar a vida da mãe: "você quase me matou"). E com o pai a dinâmica é clássica:

ao se sentir ameaçado em seu narcisismo (Cida denuncia a traição), ele "surta" e se defende atacando o narcisismo da criança. Resulta que, para o aspecto paranoico desse objeto, *Cida não deveria existir* (você é do mal, é bocuda, vagabunda como sua mãe). A teoria ilumina a clínica e vice-versa.

Ainda estamos no primeiro encontro, mas posso apostar que essa figura que deseja sua morte vai se atualizar em algum objeto do cotidiano. Esse objeto vai ser vivido como Entidade, aquele objeto interno/externo, acima do bem e do mal, que pode salvar, mas pode destruir a criança. Comecei a usar o termo Entidade (que corresponde à Mãe Arcaica) com mais frequência no meu livro *Notas sobre a aptidão à felicidade* (Minerbo, 2023). Tem sido bem útil nos vários ateliês.

~

Nossa colega conta que, a partir de certo momento, os relatos ressentidos sobre o passado cederam lugar a relatos sobre o ressentimento no cotidiano. Para nós, estes são mais reveladores do que a história de vida porque estão *pulsionalmente quentes*. Não nos esqueçamos de que nossa escuta supõe dois conceitos fundantes da psicanálise: inconsciente e transferência. O inconsciente se atualiza como transferência, produzindo efeitos concretos na vida do paciente (Minerbo, 2016b).

Desse modo, são as historinhas que nos permitem reconhecer: 1) *quem*, no cotidiano, funciona como suporte transferencial das figuras internalizadas; e 2) *quais cenas atualizam alucinatoriamente* os elementos traumáticos do passado que estão à espera de elaboração e de integração (ver Capítulo 2 – "Você sabe para que serve uma análise?", do volume 1).

Pois bem. O teor das historinhas é sempre o mesmo: *ela é perseguida e não reconhecem seu valor.* Isso aconteceu na faculdade, mas está acontecendo de novo no hospital em que trabalha. Há longos relatos sobre como foi "jogada naquele lugar" e teve que se virar sozinha. Não é difícil reconhecer aí a descrição que fez de sua infância – as crianças jogadas na calçada tendo que se virar. Nosso problema é que a paciente sabe disso:

> *A sala de emergência do hospital é como minha casa [longa descrição].*
>
> ...
>
> *Minha chefe me persegue [longa descrição]. Ela tem a voz da minha mãe.*
>
> ...
>
> *A culpa é dos meus pais. Fiquei traumatizada.*

Conseguimos entender a dificuldade da colega. A paciente tem teorias fechadas que explicam tudo, inclusive por que a vida dela está tão complicada. Embora tenha certa razão, isso não nos ajuda. Para escapar desse circuito fechado, precisamos encontrar a Entidade atualizada no presente.

MARION – TEM OUTRAS HISTORINHAS?

> Sim, tem.
> *Prestei um concurso e ganhei uma bolsa para cursar a faculdade de enfermagem. Mas eles não queriam cumprir a parte deles. Só que era meu direito, já que pela lei eles são obrigados a ter uma cota de bolsistas. Tive que entrar na Justiça e ganhei. Me formei há 2 anos.*
>
> ...

> *Entrei com um processo contra o hospital no qual estou trabalhando. Estou estudando Direito de noite e por isso preciso dar meus plantões de dia. Pelo contrato, tenho direito de escolher se trabalho de dia ou de noite. Mas eles não querem me colocar de dia. É pura perseguição.*

M – ÓTIMO. ACHAMOS AS ENTIDADES: A FACULDADE E O HOSPITAL.

Cida traz mil historinhas com a faculdade e o hospital porque elas atualizam a matéria psíquica em estado bruto que está em busca de simbolização (Minerbo, 2016b). Dito de outra forma: precisamos da repetição para reconhecer o material que está em busca de simbolização.

M – E O QUE ESSAS HISTORINHAS NOS CONTAM?

Na minha escuta, elas contam que a criança-em-Cida teve que se constituir em um vínculo precoce no qual sofreu abuso de poder por parte das figuras parentais. Sei que parece viagem minha. Mas vejam só: faculdade e hospital podem ser entendidos como representantes da Entidade – uma figura interna/externa que está *acima da lei e pode tudo*: pode não aceitar sua matrícula, pode exclui-la da escala diurna. E nos dois casos, ela será tremendamente prejudicada.

A Mãe Arcaica (Klein, 1997) e o Pai da Horda (Freud, 1913/2012) são duas versões dessa figura interna/externa que apelidei de Entidade. E a criança-em-Cida é dependente dela: precisa da bolsa porque não tem dinheiro, precisa dos plantões diurnos para poder estudar à noite. Estou tentando acessar o sofrimento da criança-no-adulto, pois é ele que nos remete ao traumático em busca de simbolização e de integração.

No ateliê, insisto em que não é necessário falar de mãe e de pai para acessar o traumático. Basta reconhecer quem/o que, no material clínico, ocupa o lugar da Entidade. Veremos que, diante dela, só é possível a submissão ou a revolta. Cida escolheu a revolta, por isso foi considerada bocuda. Em psiquiatria, chamávamos esses pacientes de "querelantes" (reivindicador, queixoso, briguento).

As duas historinhas revelam também que a criança-em-Cida não contou com um terceiro – alguém que pudesse barrar o abuso de poder por parte da Entidade. Daí que ela, como tantos desses pacientes, recorra à Justiça como terceiro. Muitos desses pacientes tornam-se advogados ou juízes: lutar contra as injustiças dá sentido às suas vidas. Não é à toa que Cida está estudando Direito.

~

Cida tem dificuldades financeiras e nossa colega precisou fazer um preço especial. Durante algum tempo, atendeu-a sem cobrar nada.

M – COMO FOI ISSO?

Entre os motivos conscientes, ficou sensibilizada por uma história de vida tão trágica e acha que Cida precisa muito de ajuda. Entre os motivos inconscientes – e aqui entra a contratransferência –, sente-se tentada a ser uma "mãe melhor" do que a que Cida teve. É um equívoco comum, como procurei esclarecer no Capítulo 2 – "Você sabe para que serve uma análise?", do volume 1.

Mas não é só por isso que nossa colega a atendeu de graça por um tempo. Conversando um pouco mais, ela descobriu que *tem medo* de não atender à demanda, de vir a ser odiada e "cancelada". É a lógica do "tudo ou nada", típica da posição esquizoparanoide (Klein, 1946/1991). Todos conhecemos pacientes que enxergam tudo como totalmente bom ou totalmente mau, preto ou branco. É menos comum identificarmos esse sistema quando ele se atualiza na transferência. Aqui, a analista intui que, se não for idealizada, será demonizada e sente medo.

Ressalto que esse medo é o "arroz com feijão" quando atendemos pacientes com aspectos paranoicos importantes, como é o caso aqui. Remeto o leitor ao caso de Sara, no mesmo Capítulo 2 do volume 1, citado acima. A colega tinha plena consciência do seu medo de ser denunciada ao Conselho Regional de Psicologia (CRP). E aqui vem uma linda associação da nossa colega.

Quando falamos do *medo de ser "cancelada"*, nossa colega associa com situações em que a paciente "bufa" quando sente que a analista "não está ao lado dela". Peço um exemplo. Ela diz que isso acontece quando tenta mostrar a Cida como ela colabora para criar as situações em que se vê vítima de injustiças. Como veremos neste caso, ela "bufa" com razão. É provável que se sinta criticada, ou pelo menos não entendida, pois a analista está tentando conversar com uma adulta razoável que, no entanto, não está lá. Ela ainda não sintonizou com o sofrimento da criança-no-adulto, que é quem está lá.

Outro exemplo de quando a paciente "bufa": ela está descrevendo mais uma situação de injustiça e a analista sugere que ela pode estar distorcendo o presente pela projeção de situações do passado. Mais uma vez, Cida tem razão em bufar. Primeiro, porque sente que, ou a analista não acredita nela, ou não está entendendo. Mas principalmente porque, como ela está em pleno processo alucinatório, *o que ela vê, é*. Ela tem *certeza absoluta* de que o que está vendo é a pura e simples realidade. Como a analista não enxerga o óbvio?

Pausa para a explicação do conceito de retorno alucinatório do traumático (clivado), sem o qual não tenho instrumentos para trabalhar com pacientes que apresentam um funcionamento paranoico importante.

Por analogia ao conceito de *retorno do recalcado*, que produz sintomas neuróticos, Roussillon (2014) fala em *retorno do clivado*. Lembro que, por não terem representação simbólica, os traços do traumático são sempre clivados. Seu retorno alucinatório produz as várias formas de sofrimento narcísico-identitário, dentre elas, a paranoia de Cida. O importante, nesse conceito, é que a situação traumática foi percebida, registrada, mas não foi elaborada nem integrada (ver Capítulo 2 – "Você sabe para que serve uma análise?", do volume 1). Quando uma situação atual *acorda* os traços mnésicos do traumático, tais traços infiltram a situação presente que é, então, *percebida alucinatoriamente* pelo sujeito.

Retomando as duas historinhas, não é que a situação da faculdade ou a do hospital não sejam injustas. Provavelmente são injustas mesmo. Provavelmente a faculdade quer maximizar os lucros livrando-se de uma bolsista. A questão é que isso não é "contra Cida", como ela acha. Não é nada "pessoal". Não está "sendo perseguida". É assim que as empresas funcionam, fizeram isso com ela, assim como com qualquer outro bolsista.

Mas como a situação atual é recoberta pelos traços do trauma precoce, então ela é vivida como "perseguição" e se torna intolerável. Em vez de ser mais uma situação injusta, o que é de fato muito chato, ela é vivida com ódio e revolta, algo completamente diferente. A intensidade desses afetos, ainda em estado bruto, indica se tratar de uma percepção alucinatória, e que o nervo já exposto pelo trauma precoce foi cutucado mais uma vez.

De modo que ela não está distorcendo nada. Ela percebe corretamente, mas percebe como se o abuso de poder ligado ao trauma precoce estivesse acontecendo de novo, tal qual já aconteceu no passado. Em outros termos, a situação atual cutuca o nervo exposto do traumático não simbolizado e ela se *retraumatiza*. A dor do nervo exposto se transforma em ódio e em revolta, mas agora que é adulta, não precisa se submeter passivamente ao abuso de poder. Pode acionar a Justiça. Pode contar com um terceiro, o que não aconteceu nas situações em que só havia a criança-nela e a Entidade.

Uma dica para a escuta analítica. Assim como uma criança escolhe, na caixa de ludo, o material de que ela precisa para simbolizar o que está à espera de elaboração, o adulto também escolhe da "sua caixa de ludo" – que pode ser qualquer coisa, e especialmente tudo o que lhe acontece – a historinha que presentifica o que está à espera de elaboração.

Como intervir quando uma criança escolhe o lobo mau e brinca de ficar aterrorizada? Nós não vamos dizer que está distorcendo a realidade, que aquilo é apenas um boneco. Nós entramos na brincadeira: "Que lobo assustador! O que vamos fazer com ele?". Aqui é a mesma situação. "Você sente que, sozinha, não dá para enfrentar a faculdade, ela é muito mais poderosa que você". Ou então: "você fica revoltada quando sente que a faculdade abusa do seu poder". Ou então: "você fica desesperada porque precisa cursar a faculdade e precisa da bolsa".

~

A colega traz um assunto novo: a compulsão de Cida por comida e compras. Está pesando mais de 100 kg e engordou 17 kg em um mês. É um tema que ela traz com muita frequência, detalhando as comilanças e as compras. Nossa colega fica muito angustiada e não sabe como abordar isso.

Por mais que seja um sintoma que atrapalha a vida da paciente, proponho avançarmos um pouco mais na compreensão do caso. Um pouquinho de paciência. Pois, se é um sintoma, não temos como abordá-lo diretamente. Se ele está ali, é porque foi a melhor solução que a paciente encontrou para lidar com angústias primitivas. Imagino que ela viva em estado permanente de angústia – ainda não sabemos direito como é isso. De modo que é muito mais eficaz jogar alguma luz sobre aquilo que tornou o sintoma necessário.

Jogar luz significa, primeiro, acessar como são as coisas no planeta que ela habita. Como é sua experiência subjetiva. Como ela (a criança-nela) vive as situações. Para além do ressentimento e da revolta, que são conscientes, temos de acessar o desespero, que está clivado (é inconsciente).

Aqui faço um parêntese teórico. A diferença entre o clivado e o recalcado é que o primeiro ficou sem representação simbólica, enquanto o segundo tem representação, mas ela está inacessível. Para diminuir a clivagem, precisamos ajudar o paciente a retomar a simbolização primária. E para levantar o recalque, o processo a ser encaminhado é o da simbolização secundária. Recordo com os participantes as duas formas de simbolização, tal como desenvolvi em "Trauma e simbolização" (Minerbo, 2016b).

- Simbolização primária: transformação de traços mnésicos da experiência que estão clivados → representações de coisa (imagens oníricas).
- Simbolização secundária: transformação de representações de coisa → apropriação pelo aparelho de linguagem (não só linguagem verbal: todos os tipos de linguagem).

O Ateliê 1 – "Crime e Castigo", do volume 1, inteiro ilustra como se dá esse segundo processo, pois se trata da análise de uma paciente que apresenta uma organização predominantemente neurótica. Aqui, como se trata de um funcionamento paranoico (não neurótico), estamos lidando com material que nunca foi simbolizado. Nosso objetivo é ajudar o paciente a retomar seu processo de *simbolização primária*.

Vamos ver se conseguimos fazer isso.

Cida conta que "foi jogada no setor de emergência e teve que se virar". Podemos começar perguntando por que ela acha que isso aconteceu, mas vale para qualquer situação de injustiça que ela estiver descrevendo. Primeiro virão algumas racionalizações, mas em algum momento talvez ela diga – e se não disser, nós podemos propor essa ideia – que "não vão com a minha cara". Pronto, estamos nos aproximando do sofrimento da criança-no-adulto.

A figura parental *não vai com a sua cara*. Podemos, então, arriscar um passo a mais. "E quando não vão com a sua cara, o que acontece?". No caso da faculdade, é evidente que queriam se livrar dela, uma aluna que não paga e está processando a instituição. No caso do hospital, gostariam de se livrar de uma enfermeira que dá trabalho, fica pedindo coisas demais e incomodando a organização da escala de plantões.

Em poucas palavras, se não vão com a minha cara, "eles" (a Entidade/instituições, figura parental) gostariam de se livrar de mim. Pronto, acessamos os microvotos de morte: "preferiam que eu não existisse" (Minerbo, 2019b).

E qual é o próximo passo? O que sente uma criança que *percebe e registra* os microvotos de morte? Ela só pode ficar aterrorizada. De modo que, se o paranoico se sente prejudicado e está imerso em angústias persecutórias, ele tem certa razão.

A colega traz mais uma historinha. É um relato comprido sobre quando estava na faculdade.

> *Tenho uma amiga que não conseguia entender a matéria. A aula terminava ao meio-dia e, às 13:00, eu começo a trabalhar. Só tinha uma hora para comer, pegar a condução e chegar. Durante um mês, fiquei sem almoçar para conseguir ajudar minha amiga sem me atrasar no trabalho. Ela não reconheceu o esforço que fiz para ajudá-la.*

M – COM QUEM – COM QUE FIGURA TRANSFERENCIAL – ELA PENSA QUE ESTÁ FALANDO? E PARA QUE ELA ESTÁ CONTANDO ESSA HISTÓRIA? PRECISAMOS USAR NOSSA IMAGINAÇÃO CLÍNICA PARA QUE ESSA FALA FAÇA SENTIDO.

Em primeiro lugar, vemos, é claro, a repetição do mantra "ninguém me reconhece". Mas, dando um passo adiante, podemos perguntar: "não reconhecem o quê"?. Não reconhecem que ela é boa pessoa, "do bem", e ajuda a amiga mesmo que fique sem almoço. E por que ela se empenha tanto em mostrar que é "do bem"? Porque a criança-nela vive aterrorizada pelo ódio e pela ameaça de ser "cancelada" pelo objeto que a acusa de ser "do mal". Lembram? A que não deveria existir, aquela de quem, se pudessem, todos gostariam de se livrar.

Proponho aos participantes do ateliê usar nossa imaginação clínica – nossa *função alfa* (Bion, 1967/1994) – para tentar sonhar o pesadelo que é a sua vida. Eu consigo imaginar a criança-no-adulto dizendo para a analista: "veja, eu sou briguenta, *mas eu não sou só isso*. Fico sem almoçar para ajudar uma amiga, reconheça que eu sou digna de amor e mereço existir".

A verdade é, se ninguém puder reconhecer que Cida também é "do bem", ela perde as esperanças de ser minimamente digna do amor do objeto e isso é o fim. Sentir-se digna apenas do ódio, que, mesmo se estivesse pintada de ouro, o objeto continua *não indo com a cara dela*, achando que ela não deveria existir, então só resta o mergulho na mais terrível melancolia.

Ao acompanhar esse raciocínio, os participantes do ateliê conseguem enxergar o desespero da criança-nela. O ódio sentido por tudo e todos – um ódio que a intoxica, do qual ela não consegue se livrar – é o afeto que está no lugar do terror/desespero *que se desconhece enquanto tal* porque está clivado. O problema é que, ao atuar seu ódio (revolta, ressentimento, brigas), Cida acaba "dando razão" ao objeto. Ela se torna difícil, e isso confirma e justifica a acusação do objeto: "você é do mal, se pudesse eu me livraria de você". Como não consegue deixar de sentir ódio, se vê "pregada" no lugar do mal, o que aumenta seu desespero. É nesse pesadelo que ela está presa.

A colega queria falar das compulsões da paciente, pois é um material que se repete e a deixa angustiada. Pedi um pouquinho de paciência. Agora fica claro que, por mais que a obesidade atrapalhe a vida de Cida, era importante entender que a compulsão alimentar é "apenas" o sintoma de uma problemática cujo buraco está bem mais embaixo.

~

Pausa para retomar o termo "bocuda", pois ele nos ajuda a entender por que o paranoico se estrutura em torno do ódio.

O termo – depreciativo e ofensivo – indica que a raiva da criança frente a uma frustração ou a uma falta de empatia do adulto não foi interpretada como reação legítima, e sim como sinal de rebeldia.

Não deveria reclamar, deveria aceitar tudo passivamente. O termo indica, ainda, que o adulto *não se implica na cena*. Não reconhece que ele tem alguma coisa a ver com o esperneio supostamente rebelde. "Não fui eu que frustrei você, você que é bocuda." Quando o adulto não reconhece o *direito ao esperneio*, quando acusa a criança de ser "do mal", a raiva se transforma em ódio.

O adulto não exerce o que Roussillon chama de *função defletora* (2015). É sua capacidade de "matar no peito" a raiva da criança, de *dar a ela um destino* possível e aceitável, isto é, uma *saída simbolizante*. Por exemplo, palavras que descrevam o que a criança está sentindo, relacionando-as com a frustração imposta por ele. Espera-se, naturalmente, que não seja uma medida arbitrária, pelo puro prazer de mostrar quem manda, o que configuraria o que estou chamando de abuso de poder, e que a criança vive como injustiça.

Atenção: não estou dizendo que o adulto deva fazer tudo o que a criança quer. Estou dizendo que, ao não fazer, ele precisa reconhecer o direito da criança de espernear. É o oposto da ameaça "se pedir, não ganha, e se chorar, apanha", – ameaça odiosa que deixa a criança totalmente sem saída. A ausência de função defletora força a criança a engolir o seu ódio e se intoxicar com ele. Resta usar esse afeto para reivindicar justiça, já que espernear só piora as coisas.

As historinhas de Cida estão cheias de situações *sem saída simbolizante*, que a obrigam a atuações que acabam se voltando contra si mesma. Nós vamos contar a ela que estamos percebendo "onde" ela está. Por exemplo, podemos interpretar uma das historinhas na linha de "você se torna violenta quando se desespera por não ter saída". Ao fazer isso, o analista exerce a *função reflexiva*, o que permite a Cida fortalecer o vínculo com o objeto/analista e, ao mesmo tempo, fazer contato consigo mesma – para além das teorias fechadas sobre o pai e sobre a mãe.

Já com o ódio, o trabalho é um pouco diferente. O objeto tem que sobreviver aos ataques. O pai de Cida não consegue. Quando ela o confronta por algo que ele fez de errado, simplesmente devolve a acusação com violência e sem nenhum tipo de continência e de trabalho psíquico: "você é uma vagabunda/bocuda". Retaliações desse tipo tendem a amplificar o ódio do paciente, que acaba se autointoxicando nele.

Será que Cida vai colocar a analista nessa saia justa? É o que veremos. Ainda estamos no primeiro encontro.

Segundo encontro

Sempre faço uma breve recapitulação do que vimos no encontro anterior e pergunto se alguém gostaria de comentar ou perguntar alguma coisa. Um colega diz que gostaria de retomar uma ideia que apareceu no primeiro encontro.

Pergunta – Como é isso de "construir sentido para o traumático vivido"?

Excelente pergunta. Vamos retomar a historinha sobre como ela ajudou a amiga que não entendia a matéria mesmo que isso custasse o seu horário de almoço. Como vimos, o sentido dessa historinha é que Cida está tentando mostrar ao seu objeto que ela não é só do mal, ela também é do bem. Que, por isso, tem *direito ao seu amor* e, junto com o amor, *direito à revogação dos microvotos de morte* ("pensando bem, você é do bem, você merece existir").

Ajudar o paciente a construir sentido para o traumático é interpretar o sentido da historinha. Por exemplo: "e você queria tanto que a amiga percebesse o valor do teu gesto e te achasse uma boa amiga". Simples assim. Estamos *conversando diretamente* com a criança-em-Cida. Estamos contando a ela que percebemos o horror de se ver pregada no lugar da "bocuda do mal". Estamos contando a ela que reconhecemos, nessa historinha, seus esforços desesperados para ser digna do amor do objeto.

Pela primeira vez, essa criança se vê *bem-narrada* – bem-interpretada – pelo analista. É essa narração que lhe permite ir construindo sentido para o traumático. Nesse caso, é o horror de ter vivido na mais absoluta solidão, sem que ninguém percebesse seu terror de ser alvo do ódio assassino do objeto, nem o desespero por não ser digna do amor do objeto.

É verdade que Cida fala de seu sofrimento desde o primeiro dia, mas é o sofrimento da adulta, e é consciente. Nós nos interessamos pelo sofrimento da criança-no-adulto, que não é consciente. É este que estamos começando a reconhecer no ateliê. É este que importa, porque é só com ele que podemos trabalhar. Em outros termos, se ficamos capturados pelo relato de sua história, não temos muito o que fazer além de lamentar por seu infortúnio. Mas se reconhecemos o *sofrimento que se desconhece enquanto tal*, estamos ajudando a paciente a construir sentido para o traumático.

Como assim, *um sofrimento que se desconhece enquanto tal*? Como diz Freud (1915/2010), há sentimentos inconscientes, sem representação. E, de fato, a clínica mostra que a dor e a angústia podem ficar clivadas, isto é, não representadas, não integradas, fora da vida psíquica. O processo de simbolização primária visa diminuir essa clivagem para possibilitar a integração da experiência. Para quem já conhece minha analogia para entender o que é simbolização primária (Minerbo, 2016b): as espigas de trigo (material clivado, em estado bruto) precisam ser transformadas em farinha (elementos que já têm uma primeira inscrição psíquica), antes de poder virar pão (apropriação subjetiva da experiência).

Voltando ao *sofrimento que se desconhece enquanto tal*. Do ponto de vista da retomada do seu processo de subjetivação, é este sofrimento inconsciente que importa. Com aquela interpretação simples, estamos tentando oferecer elementos para que Cida possa retomar seu processo de simbolização primária, interrompido justamente por conta de um traumático impossível de digerir.

~

Uma característica das historinhas é que elas se repetem. Nos ateliês, costumo perguntar sobre o que o paciente fala o tempo todo. A repetição faz sentido, pois as historinhas expressam o traumático, que ficou sem apropriação subjetiva. Proponho retomar uma das que vimos no primeiro encontro, pois temos novos elementos.

> *Minha chefe no hospital não quer me transferir do plantão noturno para o diurno, mesmo sabendo que estudo Direito de noite. Pelo meu contrato, eu tenho esse direito. É pura perseguição. Ela quer que eu peça demissão. Está fazendo de tudo para se livrar de mim.*

Nós todos nos sentimos convocados a *colar* no conteúdo manifesto: ou tomamos partido de Cida contra o hospital, ou tomamos partido do hospital contra Cida, pois, a essa altura, já entendemos que ela "causa" o tempo todo. Tendemos a reproduzir a lógica do "nós contra eles", só que em relação aos protagonistas da historinha. Como descolar do conteúdo manifesto para escutar outra coisa?

Uma possibilidade seria escutar um apelo feito ao analista: "*veja com que objeto eu precisei me constituir*". E então nós entendemos que a chefe está no lugar da Entidade, dona do bem e do mal, que pode salvar ou destruir (se tiver que sair do emprego, não vai ter dinheiro para pagar o curso). Cida está desesperada e com ódio da Entidade que quer e pode acabar com ela.

M – SERÁ QUE TERÍAMOS COMO COMEÇAR A ENCAMINHAR A DESCONSTRUÇÃO DA ENTIDADE? E SE PERGUNTÁSSEMOS À CIDA "POR QUE VOCÊ ACHA QUE ELA FAZ ISSO?"

Talvez venha alguma resposta do tipo: *ela tem inveja de mim; ela tem medo de que eu ocupe o lugar dela; acha que se eu quero ser advogada, então estou lá só pelo dinheiro; ou então ela simplesmente não vai com a minha cara.* Qualquer dessas alternativas nos ajuda a reconhecer que a Entidade não passa de um mero ser humano. Pois só um ser humano pode sentir inveja, ou se sentir ameaçado, ou se sentir traído por alguém que deseja outra coisa (o Direito). E mesmo se a chefe/Entidade simplesmente "não vai com a cara dela", há de ser por algum motivo "humano".

Talvez Cida não tenha nenhuma resposta. E nesse caso poderíamos perguntar: será que é por isso, ou por aquilo? O objetivo é mostrar que a Entidade, cuja subjetividade é opaca aos olhos da criança, talvez não seja tão onipotente e poderosa. Talvez ela também tenha uma criança-no-adulto, isto é, pontos de fragilidade/vulnerabilidade.

~

Uma observação muito comum nos ateliês, e que aparece também neste, é que precisamos "acolher" o sofrimento dos nossos pacientes. Mas o que significa isso?

Há sempre o risco de entendermos que "acolher" significa ser para o paciente uma mãe melhor do que a que ele teve, no sentido comum da expressão "mãe acolhedora". Mas, do ponto de vista metapsicológico, acolher significa fazer algo que nunca foi feito: *ajudar a construir sentido*. E *construir sentido* é oferecer condições para que o paciente consiga *construir o lugar do terceiro*, inexistente entre a criança que ele foi e seu objeto primário.

O futuro paranoico está nas mãos do seu objeto, sem que um terceiro barre os microvotos de morte. Se a mãe diz à Cida "você quase me matou", alguém teria de intervir dizendo que a complicação durante a gravidez da mãe não tem nada a ver com ela. Se o pai acusa Cida de ser bocuda, alguém teria de dizer "ela tem o direito de espernear"; ou então "Cida não é uma vagabunda".

O terceiro será construído no campo transferencial-contratransferencial à medida que o analista funciona – diz e faz coisas – a partir do lugar de um terceiro. Quando propõe uma interpretação que dê sentido à historinha, por exemplo. De modo que o terceiro não é uma pessoa, e sim o sentido que permite à criança se descolar do veredicto da Entidade (você quase me matou; você é bocuda; é uma vagabunda).

O funcionamento paranoico é um funcionamento psicótico precisamente porque faltou esse terceiro que barrasse o ódio da figura parental. No caso de Cida, parece que os microvotos de morte provinham tanto do pai quanto da mãe, daí que seja um quadro tão grave.

~

Alguém no grupo pergunta se o ódio funciona como único vínculo possível, já que é o único que conhece. Sim, essa ideia faz sentido e me fez pensar que essa paciente precisaria descobrir também o amor por esses pais. Pois é claro que a criança depende da figura parental que também é amada. Junto com o amor, surgirá a tristeza. "Que triste meus pais terem tantas limitações". Se o paciente se entristece pelas limitações dos pais, é porque também há amor.

Nesse ponto, nossa colega traz mais uma associação maravilhosa. É isso que me encanta no processo do ateliê. É uma micro-historinha. Mais uma vez, Cida está se queixando dos pais. Só que, dessa, vez ela acrescenta: "Continuo esperando meus pais me pedirem desculpas pelo sofrimento que me causaram".

M – O QUE ESSE PEDIDO DE DESCULPAS SIGNIFICARIA PARA CIDA?

Significaria que os pais estão *se implicando* na cena em que ela se torna bocuda e difícil. E, se eles se implicassem, ela poderia transformar o ódio em mera raiva. A raiva pode ser integrada e não intoxica o sujeito como o ódio. Bastaria isso para ela viver melhor. Bastaria isso para que ela pudesse integrar também o amor, isto é, perdoar os pais que, provavelmente, também tiveram sua cota de dor na vida.

Nesse ponto, eu associo a uma historinha que está num adendo inédito ao meu texto sobre o supereu cruel, e em uma palestra que apresentei para a Sociedade de Psicanálise de Brasília (Minerbo, 2021). A paciente (Márcia) está com os filhos no restaurante, esperando pelo marido que está 45 minutos atrasado. Quando ele chega e dá um oi "como se nada tivesse acontecido", ela surta. Não surta pelo atraso. Surta porque *ele não se dá conta do efeito do seu atraso*. Não percebe o que significa terem ficado todo esse tempo esperando por ele na mesa do restaurante. Mas o pior nem foi isso. Quando ela surta, ele a acusa de, mais uma vez, ser a chata que vai estragar o almoço de domingo. Nesse ponto, ela explode de ódio. Não só ficaram esperando, não só ele não se dá conta do efeito do atraso, como ainda por cima não se implica na reação que ele mesmo produziu. Se existisse um terceiro entre a criança-em-Márcia e seu objeto, ele poderia dizer algo como: "você está 45 minutos atrasado e chega como se não tivesse acontecido nada?".

Alguém pergunta se ela se sentiu desamparada ou abandonada pelo marido. Desamparo é uma palavra que remete a uma angústia de morte. Se escutarmos essa historinha com cuidado, não há angústia, e sim ódio. O elemento mais importante não foi "terem ficado esperando por 45 minutos", e sim "chegar como se nada tivesse acontecido". Foi isso que cutucou o nervo exposto. Seria completamente diferente se ele chegasse pedindo desculpas por ter deixado todos esperando tanto tempo.

Percebem que é o mesmo tema da micro-historinha de Cida? Quando o adulto se implica, permite que o ódio seja transformado em mera raiva, e isso muda tudo. Seria um santo remédio para o ódio do qual ela não consegue se livrar. É nesse ponto que cabe a nós interpretarmos a historinha, tal como estamos fazendo ao longo desses dois encontros.

~

A colega conta que, depois do primeiro encontro, teve uma sessão com Cida e que surgiram novas historinhas. Vou resumi-las.

> *Estou me sentindo culpada por estar processando o hospital. Chego antes e vou embora depois do meu horário. Estou fazendo tudo de um jeito impecável.*
>
> . . .
>
> *Meus sogros vão ficar contra mim. Eles não entendem que não tive alternativa a não ser entrar na Justiça.*

M – OOPSS! MATERIAL NOVO! ELA SE SENTE CULPADA. QUAL PODE SER O SENTIDO DESSAS HISTORINHAS?

Com relação aos sogros, imagino que esteja apavorada porque, enquanto representantes do supereu cruel, eles a odeiam e vão cair matando, acusando-a de arrumar confusão em todos os lugares. Não percebem que há toda uma dinâmica acontecendo, e que o hospital-Entidade não lhe deixou alternativas a não ser recorrer a um terceiro (abrir um processo). Para eles, não foi o hospital que cometeu irregularidades: ela é que "é do mal". Aqui o que temos é mais do mesmo.

Contudo, o material em que ela diz que se sente culpada é mais enigmático. Até agora, o que aparecia é que ela se sentia plenamente justificada em processar o hospital. O que será que mudou?

Juntando as duas historinhas, parece que se sente culpada porque *não queria ter que abrir processo*, mas, ao mesmo tempo, foi obrigada a isso. Ela não é "do mal": infelizmente, foi forçada a fazer o que fez. Sente-se culpada porque gosta do hospital. Tudo o que queria era estar trabalhando lá numa boa, dando seus plantões diurnos e estudando à noite. Queria se dar bem com todo mundo.

A criança-nela queria ser amada por seu objeto em vez de ficar brigando o tempo todo. Inclusive, está trabalhando de um jeito impecável para que o objeto reconheça que, apesar de ter feito isso, é boa pessoa. É também uma maneira de mostrar que "eles" (o hospital, o objeto) têm muito a perder se ela for embora, pois é uma funcionária exemplar.

As historinhas vão trazendo elementos para elaborar novos aspectos do traumático e ilustram pequenas mudanças de posição subjetiva. Aqui, uma interpretação que considere essa mudança poderia ser "você até que gosta do hospital, tudo o que queria era se dar bem com todo mundo, mas não te deram alternativa".

Vira e mexe, a compulsão alimentar reaparece. Já vimos que ela é "apenas" um sintoma e que o buraco é mais embaixo. Muitas vezes, o agir compulsivo funciona como *procedimento autocalmante*. Como não pode – nem nunca pôde – contar com ninguém, tem de se virar sozinha para acalmar sua angústia.

No caso de Cida, de que angústia se trata? Proponho aos participantes que tentem se colocar na pele dela. Ela vive permanentemente aterrorizada porque sabe que, por estar processando o hospital agora, sua situação é crítica frente aos representantes da Entidade (chefe, colegas, sogros). Ninguém enxerga a irregularidade que o hospital está cometendo. Ninguém vai ver que ela não tem saída (para concluir seu curso noturno, precisa dar plantões de dia). Ninguém vai ver que não lhe deram alternativa. A única coisa que vão ver é que ela está "causando". Todos a odeiam. Conseguem imaginar a angústia? Percebem a necessidade de procedimentos autocalmantes?

Digo tudo isso, pois precisamos tomar cuidado com intervenções que tratam essas compulsões – ou mesmo as atuações – como comportamentos autodestrutivos. Por mais que prejudiquem o paciente – e é claro que prejudicam! –, foi a melhor solução encontrada por ela para lidar com a angústia. Em tese, a elaboração da angústia de morte tornará os procedimentos autocalmantes menos necessários.

Terceiro encontro

A colega nos conta que Cida não vem há duas semanas alegando que não está conseguindo horário. A colega propõe várias alternativas, mas ela responde de uma maneira que a analista sente como *agressiva*: "eu vou ver se, e quando, vou conseguir ir, porque estou com muitos compromissos".

Já sabíamos que a paciente funciona na lógica do "tudo ou nada" e ela já havia dito à analista que não tolera críticas. Na contratransferência, a analista sentia a pressão para "estar do seu lado". Estava claro que "quem não está com ela, está contra ela". Inclusive aceitou não cobrar nada durante um tempo, por medo de ser "cancelada" por Cida.

M – OPSSS, TRANSFERÊNCIA NEGATIVA! BEM QUE TÍNHAMOS CANTADO A BOLA. COMO INTERPRETAR ESSAS FALTAS?

A transferência negativa indica que: ou ela está com ódio, ou está com medo da analista. O fragmento sugere que se trata de ódio (a colega sentiu a resposta como agressiva). O que será que aconteceu? Peço para a colega tentar se lembrar de como foi a sessão anterior a essas faltas.

Cida começa com mais do mesmo: como é perseguida e punida quando fala as coisas etc. Tenta fazer o plantão perfeito, não vai ao banheiro nem almoça para que não pensem que está fazendo corpo mole. Nossa colega diz que "é difícil estar o tempo todo tentando fazer o certo, e mesmo assim receber um castigo". Cida fica furiosa. A analista tenta descobrir o que foi que ela escutou, mas o caldo já havia entornado. Tudo o que Cida consegue dizer é "você não entende que", "já te falei que...".

Uma colega sugere que, apesar das boas intenções da analista, a paciente se sentiu criticada com "você está tentando fazer o certo". Parece que a palavra que caiu mal foi "*tentando*". Ela deve ter escutado que, apesar de estar tentando, ainda não conseguiu. Ou seja: uma crítica – involuntária, mínima, mas para quem tem esse nervo exposto, é uma crítica.

Essa é uma boa hipótese. Precisamos testá-la com alguma intervenção. Podemos dizer alguma coisa, e ver se a colega tem alguma ideia do que sua paciente faria com ela. Peço sugestões aos participantes do ateliê.

Alguém sugere que a analista poderia pedir desculpas por ter dito algo que não caiu bem. Pedir desculpas não é uma boa ideia, mas reconhecer que "eu disse algo que não caiu bem" é um bom caminho. Afinal, o problema não foi algo que a analista disse. O problema foi como a paciente interpretou o que ouviu. E isso, na verdade, não é um problema. Ao contrário: é o começo da elaboração da transferência negativa, que é justamente nosso objetivo. Esse caminho ficaria impedido se a analista pedisse desculpas, pois a paciente certamente desculparia a analista, e juntas colocariam panos quentes no ódio, o que seria uma pena.

Outra sugestão interessante foi dizer à paciente algo como "você está com ódio de mim e prefere não vir *para me proteger de você mesma*". Essa é uma boa ideia, pois a analista deixaria claro que não está vendo a paciente como "do mal", nem por estar com ódio, nem por estar faltando às sessões. Entende que faz isso por medo de sua violência. Enfatiza o lado amoroso: Cida não quer arranjar confusão nem "processar" a analista querida.

~

Voltando à transferência negativa, o fato é que, por enquanto, a analista se sente sem saída. Nada do que diz serve. Seu narcisismo está sofrendo. Provavelmente está irritada com a paciente, que não aceita nenhum dos horários que oferece.

Ótimo! Então agora a analista está vivendo na pele o ataque que o Eu da criança sofreu em seu vínculo precoce. No campo transferencial, ela está ocupando o lugar da criança que Cida foi, enquanto Cida está identificada com a figura parental que "faz bullying" com a criança.

Cida foi uma criança sem saída. Cida continua sem saída. Como estamos vendo, a única saída que encontra é reivindicar a presença do terceiro que barre os ataques filicidas da Entidade. Como dizer algo que ajude a elaborar essa transferência negativa?

Um exemplo: num tom triste que indica sua dor narcísica, ela diz "Puxa, hoje não estou acertando uma!". A ideia é fazer o espelhamento da dor que a criança-em-Cida pode ter sentido, mas que permaneceu muda porque não foi reconhecida nem por ela, nem por ninguém. Os tais "gritos interrompidos" de que fala Ogden (2009).

A analista nos conta que um dia, no meio da tempestade transferencial, e não sabendo mais o que fazer, disse a Cida exatamente o que ela queria ouvir: "seus pais são mesmo uns filhos da puta". Não é algo que eu diria, mas essa situação no ateliê é linda porque mostra que não há intervenções certas ou erradas. O que importa é o que o paciente faz com o que o analista diz. E vejam só o que Cida fez com o que a analista lhe disse.

Ela se emociona muito e relaxa, dizendo: "esperei a vida inteira para ouvir isso".

Como entender a resposta de Cida? O que a emociona e tranquiliza não é tanto alguém concordar que os pais são mesmo muito inadequados. O que a toca é que ela não está sendo vista como mentirosa, exagerada, bocuda e outras coisas "do mal". A analista acredita nela. E "sentir-se acreditada" (em vez de desqualificada) é realmente algo novo.

Foi nesse ponto que Cida disse à analista que seu maior desejo era que os pais lhe pedissem desculpas. Já falamos disso antes, mas agora, enquanto escrevo, outra ideia me veio. Se os pais *confessassem* não terem conseguido lhe oferecer o amor a que tinha direito, ela poderia descansar da batalha para ter seus direitos reconhecidos na Justiça. Talvez a intervenção da analista ("seus pais são mesmo uns filhos da puta") tenha tido esse efeito – a analista-Justiça dando a ela o tão sonhado e necessário *ganho de causa*.

Ela pode finalmente relaxar porque estão reconhecendo (a analista/os pais) que ela não é "do mal": simplesmente não lhe deram saída, ela não tinha alternativa a não ser tornar-se bocuda. Se lhe pedissem desculpas poderia parar de odiá-los. Conseguiria transformar o ódio em mera raiva.

~

Cida retoma as sessões. O tema da angústia por estar processando o hospital continua. Mais uma historinha, mais um aspecto do traumático se atualizando na transferência com as figuras do cotidiano, mais uma oportunidade de simbolização do traumático precoce.

> *Estou com vergonha de sair de casa porque sabem que estou processando o hospital e me olham como se eu fosse um monstro. Quando cheguei lá, uma colega com quem me dou muito bem disse uma coisa que me irritou muito: "achei que você ia pedir demissão". Ela disse em tom de brincadeira, mas fiquei furiosa.*

M – O QUE SERÁ QUE CIDA ESCUTOU, PARA FICAR TÃO FURIOSA?

Ou a amiga representa o objeto que *não se dá conta* de que Cida adoraria pedir demissão, mas não tem essa opção porque depende do salário. É como a criança que gostaria de dizer aos pais "vou embora daqui", mas não pode porque, apesar de tudo, depende deles. A amiga não se dá conta da falta de autonomia e de como é humilhante ter que ir trabalhar nessas condições.

Ou, ao contrário, a amiga representa um objeto que *sabe perfeitamente* que Cida não tem opção, e cutuca a ferida ao dizer "pensei que você ia pedir demissão". Se for isso, o objeto tripudia sobre a dor da criança de maneira sádica ou perversa.

Proponho, então, exercícios de intervenção. A ideia é tentar conversar simultaneamente com a adulta e com a criança-no-adulto.

- *Será que tua amiga não sabe que você precisa do salário e não tem opção?*
- *Será que ela sabe que você precisa do salário, e está pondo sal na tua ferida?*
- *Será que tua amiga não sabe que você não queria processar o hospital, mas como não atenderam ao teu pedido, você não tinha alternativa?*

Cida traz novamente a historinha de como está fazendo o "plantão perfeito".

M – COM QUEM ELA PENSA QUE ESTÁ FALANDO? PARA QUE ELA ESTÁ DIZENDO ISSO? COMO ESCUTAR ESSE MATERIAL?

- *É uma forma de agredir a chefe? (Ela vai ter que reconhecer que sou a melhor enfermeira do setor).*
- *É uma forma de pedir desculpas? (Estou processando, mas não é porque não gosto de vocês, e sim porque vocês não me deram alternativa. Espero que me entendam e me desculpem por isso).*
- *É uma tentativa de não ser 100% odiada? (Esperança de que a chefe possa reconhecer que errou em não atender ao pedido de uma enfermeira tão eficiente).*

Cada uma dessas formas de entender o material pode resultar numa interpretação que consiga conversar diretamente com a criança-no-adulto.

Cida conta que, no processo que abriu contra a faculdade, teve ganho de causa. A faculdade-Entidade foi obrigada a tolerar sua presença, mas era horrível saber que todos – professores e alunos – a odiavam. Não quis tirar foto de formatura. "É como se eu não tivesse esse direito". Tudo o que Cida queria era merecer o amor do objeto, mas, em vez disso, ela se vê na situação odiosa da criança briguenta que ninguém quer por perto.

~

Nossa colega lembra que Cida processou também o emprego anterior ao hospital. Já são três! Alguém, no ateliê, pergunta: será que Cida é realmente vítima de todas essas injustiças?

Em primeiro lugar, é bom lembrar que tudo o que temos são as historinhas, e que essas serão escutadas como representação daquilo que está submetido à compulsão à repetição. Esse regime de funcionamento psíquico indica que algo ligado ao traumático continua sem elaboração.

Nesse sentido, se Cida se sente perseguida em todo lugar, é por conta do retorno alucinatório do traumático. A realidade é percebida corretamente, a violação de um direito existe. Mas como ela está infiltrada pelos elementos alucinatórios, ela é vivida como *perseguição pessoal intolerável*. O hospital não me dá os plantões diurnos *porque não vão com a minha cara*. Se fosse outra pessoa a fazer a mesma solicitação, ela seria atendida. E isso tem, sim, a ver com seu passado. Quando o pai dizia que ela era uma vagabunda, ou uma bocuda, a ofensa era pessoal, sem sombra de dúvida.

Repetindo: o que é da ordem do alucinatório não é a violação do direito, e sim a atribuição de uma intenção hostil especialmente dirigida a Cida. Mas, hoje, quando um direito de Cida é violado, não é para prejudicá-la pessoalmente, mas sim porque o mundo não é justo. O mais forte tenta engolir o mais fraco. O homem é o lobo do homem.

Se me assaltam, por exemplo, há violação de direito. Mas se não sou paranoica, não levo o assalto para o lado pessoal. Mesmo se eu achar que me assaltaram por eu ser mulher, um alvo supostamente mais fácil, não acho que visavam especificamente a mim, Marion Minerbo. Qualquer mulher serviria. É assim o tempo todo, acontece nas melhores famílias. E isso muda tudo. Viver não é fácil, mas se você não é paranoico, viver não chega a ser o pesadelo medonho que é para Cida.

Quarto encontro

Nossa colega traz uma historinha bastante preocupante.

> *(Desesperada) Minha chefe chamou minha atenção na frente de todos. Fiquei tão furiosa que simplesmente fui embora. Abandonei o plantão. Sei que isso é uma falta gravíssima. Mas não me aguentei de tanto ódio dela. Saí tão nervosa que bati o carro. Fui ao psiquiatra pedir um remédio e um atestado para entrar com uma liminar na Justiça, pois não vão acreditar em mim. Fiz a pior coisa que podia fazer, e agora não tenho para onde voltar. Me excluíram de todos os grupos.*

M – O QUE FAZER DIANTE DESSE MATERIAL?

No ateliê, alguém lembra que agora ela está na rua, como estava com os irmãos, sem ter para onde ir.

Outra pessoa sugere que Cida poderia ter uma espécie de atração pelo caos. Ela busca a repetição do vínculo caótico com o objeto primário, pois é o único que conhece. Nesse sentido, Cida reproduziria a expulsão de todos os lugares, numa repetição cega do vínculo conhecido.

Pode até ser. Mas, cuidado! Se partíssemos desse entendimento, o que poderíamos fazer? Dizer a ela que tem de parar com isso? Obviamente, não iria funcionar. Se ela pudesse, já teria parado. Prefiro ter em mente um pressuposto teórico que me sirva de instrumento de trabalho. Quando o paciente está em análise, atuações desse tipo podem ser consideradas atuações *a serviço da simbolização*, no aguardo de uma interpretação que ajude a encontrar o sentido para o que está sendo vivido. O paciente coloca em jogo o traumático que precisa ser elaborado (Roussillon, 2014).

Avancemos um pouco mais. Por que Cida está desesperada? Não é só porque pode ser demitida. É porque a provável demissão está sendo vivida como um ataque mortal do supereu cruel. Se ele já não ia com a cara dela, se já sentia ódio dela, agora que ela fez isso ele tem todos os motivos para cair matando: é o fim, é a pá de cal sobre suas esperanças de... de quê, mesmo? Veremos isso daqui a pouco.

Por enquanto, proponho outra leitura para a historinha. Cida abandonou o plantão, prejudicando-se seriamente, para não agredir a chefe, o que seria muito pior – na mesma linha de não aparecer nas sessões para proteger a analista do seu ódio. Ela estava dando um tempo para a poeira abaixar. Mas ela se desespera porque ninguém será capaz de reconhecer que, embora de um jeito desastrado, tentou evitar o pior. Ela só vai ser ainda mais odiada do que já é.

Essa é a tragédia desses pacientes: não conseguem sair da dinâmica odiar/ser odiado.

M – O QUE DIZER QUANDO ESCUTAMOS ESSA HISTORINHA?

Uma opção é tentar uma fala que "segure" a paciente nesse momento de desespero. Por exemplo, "você não está sozinha, estou aqui com você". Essa intervenção vale mais pelo que *faz* do que pelo que *diz*. Mesmo sem oferecer algum sentido, o analista cria na transferência uma presença continente – um objeto novo que faz algo que nunca foi feito: *estar junto com ela no seu desespero.*

Outra opção seria *interpretar* a historinha. O/a colega poderia tentar algo na linha de "Será que você abandonou o plantão para proteger a chefe do teu ódio?".

Esta interpretação faz duas coisas ao mesmo tempo. Oferece palavras que descrevem a posição subjetiva e dá sentido ao "gesto louco" da paciente. E, ao fazer isso, cria na transferência o lugar do terceiro, capaz de enxergar algo diferente de uma criança "do mal". Daria, inclusive, para relacionar a situação com as faltas da paciente nas semanas anteriores: "para proteger a chefe do teu ódio, assim como não veio nas sessões anteriores para me proteger também".

Imagino que, mesmo em meio ao desespero, haveria uma ilha de alívio: se o objeto vê algo de bom nela, então ela pode voltar a ter esperanças de ser amada por ele. No fundo, o desespero é sempre este: des-esperar é perder as esperanças de merecer o amor do meu objeto, ele vai me odiar para sempre. É a pá de cal que mencionei antes.

Nessa mesma linha, o/a analista poderia dizer que percebe seu desespero por ter feito algo que *torna ainda mais distante sua esperança* de merecer o amor da chefe e dos colegas. Sim, porque, paradoxalmente, a chefe e os colegas representam também o objeto amado, caso contrário ela não estaria desesperada pela certeza de ter perdido seu amor para sempre. Ela precisaria se dar conta de que isso é muito mais grave para a criança-nela do que perder o emprego.

Estamos falando em desespero. É um desespero que precisa ser contido e transformado pelo analista. Já falei sobre o que seria essa capacidade de continência: "matar no peito" a angústia, atenuar sua intensidade. E como se atenua a angústia? Ligando-a a alguma representação que torne possível ao sujeito pensar em vez de se desesperar. Na mesma linha, gosto da expressão *apaziguamento simbolizante* (Roussillon, 2015).

É a função simbolizante do analista que, ao fazer justamente o que o objeto primário não conseguiu fazer, apazigua o desespero da paciente. Sentindo-se menos sozinha, mais acompanhada, ela já foi resgatada do estado de agonia. Finalizamos esse quarto encontro constatando que, afinal, não é o amor que cura. O paciente precisa de palavras. A psicanálise é uma *talking cure*, uma cura pelas palavras.

O que aprendi com este ateliê?

Como já disse, tenho familiaridade com esses pacientes, pois foi a análise de uma paciente com aspectos paranoicos importantes (Márcia) que me serviu de base para escrever o texto sobre a constituição do supereu cruel.

Quando me perguntaram no ateliê se Cida estaria "realmente" sendo perseguida e injustiçada, ou se estaria distorcendo a realidade, respondi usando o conceito de percepção alucinatória. Ela percebe uma injustiça que existe, e sobre essa percepção ela alucina uma situação análoga do passado, o que torna a situação atual intolerável. Se a situação atual não estivesse infiltrada por traços do passado, ela seria vivida simplesmente como um ambiente de trabalho chato. E ninguém processa uma instituição por ser chata.

Quando leu isso, o colega Gabriel Gualtieri ponderou o seguinte. Se ela percebe corretamente uma injustiça que de fato existe, se ela teve mesmo seu direito violado, então Cida tem razão de ir à Justiça. Não é paranoia. Mas se, mesmo assim, eu vejo isso como percepção alucinatória, o que, do passado, está infiltrando a situação atual? O que, exatamente, ela está alucinando?

Ele me pôs a pensar, pelo que sou muito grata. As considerações que se seguem foram feitas agora, enquanto escrevo.

Em geral, sou pouco paranoica. Se for assaltada em São Paulo, dificilmente vou achar que o ladrão tem algo contra mim, Marion Minerbo. Vou achar que ladrões assaltam quem estiver disponível, e calhou de ser eu. Ser assaltada é, de fato, a violação de um direito, é injusto, mas não é contra mim.

Isso me ajudou a pensar que, no caso de Cida, o que está sendo alucinado não é a injustiça, e sim ela levar tudo para o lado pessoal. A faculdade não a aceitou, e o hospital não lhe dá os plantões diurnos, porque não vão com sua cara. E isso, sim, tem tudo a ver com algo do passado traumático que infiltra a situação presente. Quando o pai furioso lhe dizia "você é uma vagabunda", era contra ela, Cida, a "bocuda" – ela tinha toda razão em levar para o lado pessoal.

Fiquei feliz por conseguir dar mais um passinho na compreensão do inferno do paranoico, e por refinar os instrumentos teóricos para melhor intervir na análise desses pacientes.

Ateliê 2
O adolescente sem saída

Este ateliê foi instigante em termos de escuta analítica. Levamos um tempo até reconhecer o impasse de Paulo em relação à travessia adolescente: o que o impedia de ir em frente?

A primeira linha de pensamento clínico que elaboramos a partir da interpretação das historinhas foi em torno de uma dinâmica mortífera com o supereu cruel (representado pelo pai). Não importa o que fizesse, ele se sentia atacado e sem saída.

A verdade é que essa linha não me convencia muito, pois faltavam muitos dos elementos que costumam estar presentes nesse tipo de dinâmica – basta ver o caso de Cida, "*Odeio meus pais*!". Ou então de Pedro, cuja irmã solta os cachorros em cima dele (ver Capítulo 2 – "Você sabe para que serve uma análise?", do volume 1).

No último encontro, tivemos uma surpresa: uma interpretação do material clínico permitia reconhecer o amor de Paulo pelo pai – afeto do qual estava totalmente desconectado. Não vou dar *spoiler*, mas, ao ouvir isso, uma das participantes do ateliê nos ofereceu uma associação importante e mudamos de rota. Já não é a primeira vez que, nos ateliês, saímos de um impasse graças à *rêverie* do analista ou de algum participante do ateliê (como vimos no Capítulo 2 do volume 1).

Paulo parecia estar sem saída, não porque o pai atacava seu narcisismo, mas porque fazia um uso narcísico dele, quer dizer, precisava de um filho troféu. Nesse sentido, sua vida não lhe pertencia, mas ao pai. Esse adolescente preocupa a analista, e nos preocupou também, pois corre o risco de viver e morrer tentando ser perfeito para merecer o amor do pai.

Primeiro encontro

Paulo, 14 anos, em análise há seis meses. Mora com os pais e uma irmã mais nova.

Nossa colega opta por receber somente o menino para uma primeira entrevista. Depara-se com um adolescente muito magro e muito, muito baixo. Apesar de ter feito tratamento com hormônios, parece ter nove ou dez anos. Ao contrário dos pais, parece não se incomodar (talvez esteja tomado por angústias mais urgentes do que sua altura). O pai é militar, filho de militar. A mãe é executiva de uma empresa. Paulo os descreve como "muito exigentes", cada um à sua maneira, e atribui seu sofrimento a isso.

A relação mais difícil é com o pai. Ele atribui isso ao seu "jeito militar". Até certa idade, eles tinham um bom relacionamento. Iam juntos montar a cavalo, até que sua irmã foi incluída no programa. A partir daí, afastaram-se porque o pai só dava atenção a ela. Ela fica com maior parte do "bolo" (do amor do pai), e para ele sobram as migalhas. Queixa-se de que o pai está constantemente vigiando seu desempenho escolar, pressionando para que tire sempre a nota máxima. Já com a irmã não é assim, e ela consegue tudo o que quer.

Inicialmente, o que mais chama a atenção da nossa colega é que Paulo é um adolescente *cheio de dúvidas*. Diz que começou a ser desse jeito lá pelos nove anos, quando sentiu que precisava "agradar os pais".

M – COMO SÃO ESSAS DÚVIDAS?

Para exemplificar, a colega conta que Paulo fez um intercâmbio para aprender inglês. A dúvida estava sempre presente: o que comer, o que comprar, com qual amigo andar. Quando entrava numa loja de tênis, não sabia se devia comprar o vermelho ou o preto. Ligava para a mãe, que lhe dizia: se está em dúvida, compre os dois.

Ele ficava em dúvida também sobre o que comer. Achava a comida ruim e comia pouco. Sentia fraqueza e, em vez de se divertir com os amigos depois do curso, voltava para casa para descansar. Não estava aproveitando sua estadia no exterior. Ligava para os pais pedindo ajuda. Do Brasil, o pai lê o cardápio de um delivery inglês e sugere um prato.

Proponho uma pausa para discutir o material clínico que já temos. Pelo relato, parecem dúvidas obsessivas.

M – COMO ENTENDER ELE LIGAR PARA OS PAIS ESCOLHEREM UM *DELIVERY* PARA ELE?

Nossa colega conta que a mãe é muito ligada em comida saudável. Pergunto, então:

- *Será que a comida diz algo do vínculo entre ele e sua mãe?*
- *Será que ele não come porque acha que vai passar mal? (Seria uma angústia persecutória? A comida é veneno?)*

- *Ou não come porque não é a comida conhecida que a mamãe prepara? (A comida representa o vínculo regressivo e fusional com a mãe?)*
- *Ou não come porque a mãe vai ficar preocupada se ele comer coisas não saudáveis?*

Nossa colega acha que não é "nenhuma das anteriores". A mãe o liberou para comer o que quisesse. Como ainda veremos, na percepção da analista, o mais importante é que ele está *quase querendo que os pais lhe digam para voltar para casa.* A comida, ou melhor, a fraqueza que o incapacita para aproveitar os passeios, seria só uma excelente desculpa para isso.

Acho isso muito bonito: podemos fazer mil hipóteses, mas a contratransferência tem a última palavra. É com seu corpo que a analista capta algo que não está na troca de palavras na sessão. Vejam como a transcrição fiel do diálogo analítico pode ser insuficiente!

Nesse momento, contudo, ainda não sabemos que ele exagera sua condição para que lhe digam para voltar para casa. Continuamos tentando "entrar no planeta dele" – conhecer seu universo subjetivo – para entender qual é o sentido dessas dúvidas.

M – E A DÚVIDA EM RELAÇÃO A QUAL TÊNIS COMPRAR? ELE TEM MEDO DE COMPRAR O TÊNIS ERRADO?

Sim, é isso. Ele vai escolher errado e o pai vai criticar sua escolha.

Vejam que interessante. Nós, aqui, estamos vendo um adolescente sozinho numa loja de tênis num shopping de alguma cidade da Inglaterra. Mas ele está longe de estar sozinho! O pai está lá com ele. Está o tempo todo em diálogo com um objeto interno excessivamente crítico. Diante de dois tênis, um preto e um vermelho, ele fica paralisado porque *está tentando adivinhar qual escolha não será criticada pelo pai*. Mais do que um obsessivo, parece um garoto aterrorizado. Se ele escolher errado, algo terrível vai lhe acontecer. Ele não consegue escolher porque o terror o paralisa.

Resumindo o que vimos até agora. Nosso ponto de partida foi a descrição de um *comportamento* – Paulo é um adolescente cheio de dúvidas. Mas, para entender o *sentido* dessas dúvidas, precisamos acessar sua experiência subjetiva. Descobrimos então que a dúvida (por exemplo, sobre qual tênis comprar) tem a ver com o medo de ser criticado pelo pai. Claro que isso não acontece só com o tênis. Provavelmente, ele tem medo do pai desde sempre. Mas ele não sabe disso. Ele fica na *superfície* da sua vida mental: acha que seu problema é ficar em dúvida sobre tudo.

~

A colega traz material sobre uma prova de matemática. Paulo estudou muito, mas como fez a prova doente, tirou nota baixa.

M – O QUE ELE ESTÁ QUERENDO NOS CONTAR COM ISSO?

- *Ficou paralisado de terror e deu branco?*
- *Foi sem querer, querendo? Revoltado contra o pai, chutou o pau da barraca?*
- *Aliás, por que foi fazer uma prova mesmo estando doente? Medo de dizer que não estava em condições de ir e ouvir que é frescura?*

Continuamos tentando acessar sua subjetividade. Uma criança aterrorizada é muito diferente de uma criança revoltada. Confundir as duas significa que nossas intervenções passarão ao largo de quem está lá na nossa frente. Não conseguiremos criar na transferência a experiência emocional nova do tipo "*essa daí me entendeu*". Repetiremos o objeto que, por não enxergar a criança, deixa-a emocionalmente sozinha.

Assim como Paulo, a mãe também parece ficar na superfície da vida mental. Um exemplo: quando ele não sabia qual tênis escolher, ligou para ela (no Brasil). Ela não tem a menor ideia de que "quem" está ligando é uma criança com pavor da crítica. Pensa que se trata de uma questão prática. Algo como qual cor combina melhor com suas roupas. Está presa na concretude dos fatos. Por isso responde: "se está em dúvida, compra os dois".

Ela não sintoniza com o que atormenta a criança-em-Paulo, o que não o ajuda a fazer contato com seu próprio mundo mental. Seria muito diferente se a mãe, sabendo "quem" lhe telefonou, respondesse: "filho, não tem certo e errado, cor é uma questão de gosto. Você está com medo da reação do seu pai?". Ele se sentiria emocionalmente acompanhado.

Uma participante do ateliê pergunta se caberia perguntar a Paulo qual cor de tênis ele prefere. Sua ideia é tentar conectá-lo ao seu desejo. Tenho a impressão de que Paulo não saberia responder. Ele está tão tomado por angústias de morte (se eu escolher errado, vão cair matando), que essa pergunta não faria sentido. E com razão: só é possível preferir preto ou vermelho se o sujeito já funciona de acordo com a lógica do princípio do prazer. Aqui estamos além/aquém do princípio do prazer. Não se trata de uma questão de gosto, mas de uma questão de vida ou morte.

Nesse ponto, nossa colega reconhece que essa é a angústia de Paulo. Chegou a perguntar a Paulo qual cor preferia, mas ele pareceu não ter entendido. Esse "erro" é fundamental porque nos ajuda a reconhecer "quem" está lá. Se ele fosse capaz de responder que prefere vermelho, ainda que com medo da reação do pai, já seria outro paciente, e não Paulo.

Volto ao material sobre a prova de matemática na qual ele tirou nota baixa porque fez a prova doente. Ainda estamos tentando entender *o que ele está buscando nos dizer com isso*. Propus algumas hipóteses. Mais uma vez, nossa colega acha que não é "nenhuma das anteriores".

Não custa repetir: é a contratransferência que tem a última palavra. Vejam só: nossa colega diz que, *estranhamente*, Paulo parecia quase feliz por ter ido mal. Isso é bem parecido com sua outra observação: quando estava na Inglaterra, fraco por não estar se alimentando, Paulo estava *quase querendo* que os pais lhe dissessem para voltar para o Brasil. Temos, então, duas observações intrigantes com base na contratransferência da nossa colega: 1) Paulo quase queria que os pais pedissem para ele voltar para casa; 2) Paulo ficou quase feliz por ter ido tão mal na prova de matemática.

Qual é o sentido disso? Ainda não sabemos. Por enquanto, o que temos é a mãe que telefona à analista preocupada com a depressão de Paulo. Seria o caso de levá-lo a um psiquiatra para ser medicado? De repente, lembramos que não sabemos o que trouxe Paulo para a análise. A colega diz que foi ele que pediu aos pais porque "não aguentava mais as brigas em casa". Quando um adolescente pede análise, é porque o sofrimento está nas alturas. Certamente não é porque "os pais brigam muito", mas talvez ele não saiba se expressar melhor.

Proponho, então, retomarmos com calma as duas situações em que a analista captou algo importante e um tanto enigmático. Vamos ver as historinhas. Talvez elas nos esclareçam a respeito do que levou Paulo à análise.

Historinha sobre a comida durante o intercâmbio.

> *Eu não gostei da comida e não sabia o que escolher. Parei de comer e fui ficando fraco. Em vez de ir me divertir com a turma, fiquei no hotel para descansar. Liguei para meus pais chorando e contei o que estava acontecendo. Perguntei a eles "o que é para eu fazer?" Meu pai resolveu a situação. Entrou no aplicativo de delivery e escolhemos juntos uma comida. Deu certo. Comi, me senti melhor, e saí com eles para aproveitar a viagem.*
>
> ...
>
> *Antes de ir, eu estava animado pensando: "que bom, vou tirar férias dos meus pais, tô precisando ficar longe deles". Não imaginava que ia sentir falta. Liguei para minha mãe todos os dias.*

Vejam as sutilezas da escuta analítica. Paulo coloca o foco na comida (não sei o que escolher, não gosto de nada etc). Somos levados a fazer um *link* com a "mãe que come saudável". Mas é um beco sem saída. A historinha só faz sentido quando deslocamos o foco da nossa escuta da "comida" para a "*fraqueza*" (pela falta de comida) que, supostamente, o impede de se divertir com os amigos. Mas esse movimento da nossa escuta só é possível quando a analista diz que parecia que ele estava querendo que dissessem "volte para casa". Isso muda tudo: agora entendemos que ele armou um circo para não ter que ficar lá.

M – E O QUE ISSO TEM A VER COM O MOTIVO PELO QUAL PAULO PEDIU PARA FAZER UMA ANÁLISE?

Ao que parece, estamos diante de uma angústia de separação. Obviamente ele não melhorou "porque comeu" e sim porque viu que os pais se preocuparam com ele e o ajudaram, mesmo de longe.

Mas tudo o que ele queria era voltar correndo para casa. A pergunta é: por quê? Precisava se certificar de que os pais continuavam disponíveis? Sentiu que não conseguia enfrentar a vida longe deles? Não estava conseguindo se enturmar?

Resumindo: Paulo tentou se lançar no mundo (intercâmbio na Inglaterra), foi tomado de angústia e armou um circo (em torno da comida) para poder voltar correndo para casa. *Ele não está conseguindo realizar o trabalho psíquico necessário para atravessar a crise da adolescência.* Confirmando essa hipótese, a analista comenta que Paulo nunca fez qualquer menção à sexualidade.

~

Retomando a historinha sobre a prova de matemática.

> *Na semana passada, tive uma prova de matemática. Estudei muito, mas no dia acordei doente. Fiquei em dúvida se ia, ou não. Acabei indo. Fiz a prova, mas fui muito mal. Na saída, meu pai me perguntou como eu tinha ido. Disse que fui muito mal porque não estava me sentindo bem. Ele não brigou e só disse: tudo bem, você recupera na próxima.*

Pergunto à colega o que ela acha que Paulo quer expressar com essa historinha. Ela diz que, estranhamente, ele parecia *quase feliz* com o resultado.

M – COMO ASSIM? JUSTO ELE, QUE É TÃO ESTUDIOSO, E CUJO PAI É TÃO EXIGENTE COM AS NOTAS?

Segundo ele, estava feliz porque o pai não "caiu matando" e disse que podia recuperar na próxima prova. Parecia que o pai estava finalmente aceitando que ele fosse uma pessoa "normal" (foi o termo que ele usou), que, de vez em quando, vai mal na prova.

Nossa colega captou que ele estava quase feliz por ter tirado nota baixa, e ficou intrigada com isso. Ele diz que estava feliz porque o pai não caiu matando. Em quem vamos acreditar? Resposta: na analista.

Paulo deu uma resposta racional, consciente, mas a analista captou algo que é da ordem do inconsciente e compõe perfeitamente com o que pudemos entender da historinha da "fraqueza" durante o intercâmbio (recordando: ele se lançou no mundo, sentiu que não dava conta, armou um circo para poder voltar para casa). Ela sensibiliza nossa escuta para a historinha da prova de matemática.

Pausa para mostrar como funciona a escuta analítica.

Ele conta a historinha da prova. A analista capta que ele parecia quase feliz por ter tirado nota baixa. O truque é escutar como se fosse um sonho (ou um pesadelo, dependendo da angústia). "Sonhei que ia fazer a prova doente, e tirava nota baixa. O professor dizia à minha mãe que eu tinha que repetir de ano, e eu ficava aliviado". Interpretando a historinha como se fosse um sonho, entendemos que ele *não se sente apto a passar de ano, isto é, a continuar a travessia da adolescência*. É igual a não dar conta de ficar no intercâmbio e querer voltar para casa. Em ambas as situações, Paulo fica "feliz", quer dizer, *aliviado*, por não ter de enfrentar algo para o qual não se sente preparado, um desafio acima de suas forças.

E com isso estamos em condições de responder à pergunta: por que Paulo procura análise? Não é porque os pais brigam muito. É porque "sabe" que não está conseguindo fazer o trabalho psíquico necessário para seguir em frente. Está encalacrado. Nesse impasse, não consegue ir para frente, mas odeia precisar ficar em casa submetido ao controle dos pais.

~

Vem agora uma terceira historinha. Sua interpretação confirma o que vimos nas duas primeiras.

> *Fui convidado para uma festa de 15 anos. Toda minha classe vai. Minha mãe já me comprou uma camiseta nova. Mas estou em dúvida se vou, ou não.*

Diante de mais uma "dúvida", precisamos tentar acessar a angústia.

M – O QUE ACONTECE SE ELE FOR? E O QUE ACONTECE SE ELE NÃO FOR?

Nessa altura, não é difícil imaginarmos que, para ele, ir a uma festa significa se confrontar com todas as questões adolescentes para as quais não se sente equipado. Paulo "sabe" que não conta com uma base narcísica suficientemente robusta para realizar esse trabalho psíquico. Seu corpo com certeza não está equipado.

Essa ideia faz sentido para nossa colega. Esse primeiro encontro foi muito produtivo porque todos entenderam que é sempre o mesmo tema que se repete em cenários diferentes: desistir do intercâmbio, fracassar na prova de matemática e não ir à festa.

Como os pacientes são sábios ao escolher o que falar em sessão! Nada é aleatório. Eles sempre acham um jeito de contar, por meio de historinhas, o que está em demanda de simbolização e de integração!

Segundo encontro

No primeiro encontro, vimos que Paulo está apavorado com a travessia adolescente porque não se sente equipado para o trabalho psíquico exigido. Ele quer ir em frente (intercâmbio), mas quer voltar para trás (forçou a barra para os pais pedirem para ele voltar). Quer passar de ano, mas fica feliz por tirar uma nota ruim. Quer e não quer ir à festa.

A colega traz novo material, que é mais uma historinha dessa mesma série.

> *Tenho dois amigos de infância, Mateus e Pedro. O Mateus nos convidou para passar o feriadão na casa de praia com sua família. Mas estou em dúvida se vou, ou não.*

M – O QUE ACONTECE SE ELE FOR? E O QUE ACONTECE SE ELE NÃO FOR?

"Se eu não for, os dois vão ficar mais amigos entre si, e vou ficar sobrando".

M – E SE FOR?

Paulo vê vários problemas.

> *A viagem é longa e o médico me mandou comer de três em três horas. Essa parte eu e minha mãe já resolvemos. Levo umas barras de cereais e um suquinho para o carro. E se eu ficar com vontade de fazer xixi no meio do caminho? Vou ficar com vergonha de pedir para pararem. Mas o pior vai ser lá. Mateus e Pedro gostam de dormir tarde e acordam ao meio-dia. Eu durmo cedo e*

> *acordo cedo. O que eu vou ficar fazendo até eles acordarem? Posso ficar conversando com a mãe do Mateus, que gosta muito de mim. Mas acho chato.*

M – COMO ESCUTAR ESSE MATERIAL?

Comer de três em três horas a comida da mamãe. Fazer xixi no meio do caminho. Dormir cedo e acordar cedo. Na minha interpretação, ele está dizendo que se sente pequeno frente aos amigos que já são grandes. A infância – bons tempos em que ainda eram iguais! – ficou para trás. Agora há uma diferença entre eles, e isso vai aparecer com clareza caso passem vários dias juntos. Então ele está com medo de ir e rirem dele, mas está com medo de não ir e ser excluído.

Mais uma vez, o impasse. Porém, ainda não sabemos o que aconteceu para ele estar nessa situação. Como ele foi parar lá?

~

A colega traz um material diferente. Uma nova historinha.

> *Tenho muita dificuldade para adormecer. Fico repassando tudo o que eu disse e fiz durante o dia. Sinto que fiz tudo errado e fico com vergonha de mim. É uma tortura. Para conseguir dormir, tenho que "sair de mim". Entro no mundo das séries ou então escrevo uns contos.*

A expressão "sair de mim" e o conteúdo do conto que ele leu em sessão deixaram a analista preocupada. Era sobre um menino que olha no espelho e vê um duplo de si. Ele fica desesperado porque tenta juntar os dois, mas não consegue. Parece uma vivência psicótica. Ele mesmo diz que tem medo de enlouquecer.

Do meu lado, "vejo" Paulo deitado em sua cama sofrendo o "massacre da serra elétrica", quer dizer, os ataques do supereu cruel. O desespero o leva a procurar uma saída: ele tenta "sair de si". Será que o caso é mais grave do que parecia?

M – (DIRIGINDO-ME À COLEGA) VOCÊ ACHA QUE ELE PODE SURTAR? VÊ RISCO DE ELE DESISTIR E SE ENTERRAR NO QUARTO?

Ela acha que ele se salva pela escrita. É verdade, ele se segura do jeito que dá, mas talvez não seja suficiente para não descompensar.

Agora que já entendemos "quem" é, e "onde está" Paulo, temos uma estratégia mínima para intervir. Temos que mostrar a ele que "eu sei onde você está, estou te enxergando".

Aos poucos, respeitando o que ele consegue escutar, com palavras que o toquem emocionalmente, podemos dizer mais ou menos o seguinte:

> *Tô vendo que você está num impasse. Não se sente equipado para atravessar a adolescência. Tentou ir para bem longe dos teus pais, mas não rolou. Você se sente ainda pequeno, comparado aos teus amigos. Parece que nunca vai crescer. Imagino que sinta vergonha e sinta ódio de você mesmo. Não vê luz no fim do túnel. O pior é que ninguém, nem você mesmo, tem ideia do teu desespero.*

É só isso: "estou te enxergando". Parece pouco, mas não é. É o que basta para resgatá-lo da solidão e devolver-lhe as esperanças de sair desse lugar frio e escuro onde ele está. É uma resposta qualitativamente muito diferente das que a mãe consegue dar. Ela sugere comprar os dois pares de tênis, comprar barras de cereal para comer no carro e uma camiseta nova para a festa. Passa ao largo daquilo que o aflige. Tenta resolver o problema com soluções práticas, mas não acessa o que o aflige. Não é à toa que ele pediu uma análise.

Alguém pergunta se, ao propor essas soluções práticas, a mãe assume o lugar de "quem sabe resolver as coisas", obrigando-o a ficar numa posição infantilizada. Acho que o buraco é mais embaixo. O que o impede de se desenvolver é um narcisismo de base muito capenga. Tanto que a analista vê risco de surto psicótico, e ele mesmo diz que tem medo de enlouquecer. É bem mais grave do que um adolescente infantilizado por uma mãe que resolve tudo.

Uma colega lembra que Paulo é muito, muito pequeno. Ela traz uma preocupação de ordem médica. Será que sofre de nanismo? Se sim, isso teria de ser levado em consideração, e não apenas as questões de ordem emocional. Frente a essa observação, a analista de Paulo responde que fizeram uma avaliação e que descartaram esse diagnóstico.

Do nosso lado, é importante saber como esse corpo está sendo narrado pela família e por ele. A mãe diz que, como ele é pequeno, precisa se destacar de outras formas. Novamente, vemos o pragmatismo e a ideia de que Paulo "precisa se destacar", o que só amplifica o seu desespero. Zero contato com o impasse de ordem emocional, solidão absoluta.

~

Mais material clínico. Este me fez começar a duvidar da linha de raciocínio "massacre da serra elétrica" por um supereu cruel (um pai militar que cai matando).

Paulo está animado. Está se organizando para ir a um show de uma banda adolescente em outra cidade. A ideia é ir com a mãe, cujo irmão mora lá. Paulo gosta desse tio e curte sua casa bonita com piscina. A mãe está providenciando as passagens para sexta, de modo a aproveitarem bem o fim de semana. De repente, ele lembra que talvez tenha uma prova no sábado. Se viajarem no próprio sábado, depois da prova, não vai ter a mesma graça. Mas a escola não costuma marcar provas aos sábados. Talvez seja possível ir na sexta. O pai liga para o professor para se informar. A mãe fala com uma amiga que trabalha na escola. Enquanto não souberem, não dá para marcar a passagem.

M – COMO ESCUTAR ESSE MATERIAL?

Quer ir a um show de uma banda para adolescentes. Quer curtir o tio e a casa com piscina. *É a primeira vez que aparece algum material ligado ao desejo e ao fato de ter 14 anos*! Menos mau: o desejo existe, está preservado. Um adolescente realmente melancólico, ou em risco de surto psicótico, dificilmente lutaria para ir a um show. Ou, se estivesse em risco, veríamos seus pais se opondo, criticando, boicotando. Aqui eles estão se mexendo para viabilizar esse desejo. No entanto, sua realização parece quase impossível. Parece uma corrida de obstáculos: a prova, a passagem, ter um dia a menos para curtir a casa com piscina.

M – O QUE PAULO FARIA COM UMA INTERVENÇÃO DO TIPO: "POXA! COMO É COMPLICADO CONSEGUIR CURTIR ALGUMA COISA NA VIDA!".

Segundo nossa colega, ele ficaria surpreso com uma intervenção que não fosse de ordem prática e que mostrasse que ele está sendo visto. Para sustentar esse *broto de desejo*, ela conversa com Paulo sobre a banda, as músicas. E aqui, como ele mesmo está falando de desejo (ao contrário da escolha dos tênis), pergunta se ele tem preferência por alguma. Qual?

O importante é que, apesar da dificuldade de chegar lá, ele consegue se enxergar num show com outros adolescentes. Consegue se ver como um adolescente igual aos outros. Os pais dão sustentação a esse movimento, assim como a mãe lhe disse para ter "calma" e não voltar correndo para casa (no episódio da comida).

Enquanto estão tentando verificar se há ou não prova na escola, a mãe lembra a Paulo que, um ano antes, haviam comprado ingressos para outro show, mas, na hora, ele havia se trancado no quarto e não foi. Os pais ficaram furiosos porque gastaram dinheiro à toa. Ela quer garantias de que isso não vai se repetir. Mais uma vez, vemos que ela tem zero contato com o mundo mental.

Vejamos: Paulo não quis ir ao show; ficou trancado no quarto. Ninguém se pergunta o que aconteceu para ele desistir de uma coisa que ele queria tanto. Não percebem a adolescência emperrada. Ele sente uma *pressão* para aproveitar o "investimento" que os pais fazem nele. Quanto menos ele consegue aproveitar, mais "errado" e distante das expectativas, e mais perseguido ele se sente.

Há, sim, elementos melancólicos: ele se sente um fracasso. "Meus pais fazem de tudo e eu não estou aproveitando". Mas é diferente do caso de Cida, de Julia e de Pedro, em que pudemos enxergar o ódio – e os microvotos de morte – do objeto contra eles. Aqui, há *pressão*, há *exigência*, mas não vejo microvotos de morte. O que vemos são pais que, bem ou mal, estão investindo em Paulo, proporcionaram intercâmbio, estão organizando sua ida ao show, tentando mudar o dia da prova na escola.

Por outro lado, é frequente que pais que "investem" nos filhos o façam esperando um "retorno narcísico". Paulo deveria conseguir "aproveitar" a vida, não para aproveitar sua vida, mas para "salvar" seu narcisismo (do pai). Atenção para o *spoiler*: é exatamente a hipótese que será desenvolvida no quarto encontro.

De qualquer modo, continuamos tentando dizer a Paulo: "estou te enxergando". Não só para resgatá-lo da solidão, mas também para exercer a função reflexiva necessária para ele estabelecer contato com seu mundo mental. Com relação a não ter ido ao show no ano anterior, podemos perguntar: "será que você ficou com medo/vergonha de alguma coisa?". Ou então: "imagino que você ficou péssimo por ficar no quarto em vez de ir ao show". Ou ainda "estava se escondendo do mundo?".

A saga da prova no sábado continua. A única alternativa que não ocorre a ninguém é que Paulo poderia faltar na prova e fazer uma substitutiva depois. Ninguém diz "deixa a prova para lá, vamos curtir nosso programa". Isso nos mostra o superego rígido da família. Uma colega lembra da ascendência militar do pai. De fato, aqui parece uma dinâmica diferente do massacre noturno do supereu cruel, quando Paulo fica se atacando por tudo o que fez e disse. Aqui parece um superego neurótico para quem o prazer conta menos do que o dever. Fico confusa, embora nada impeça que um núcleo neurótico apareça lado a lado com um psicótico.

Terceiro encontro

Material clínico novo.

> *Odeio a hora do jantar. É quando meu pai aproveita para criticar tudo o que eu digo e faço. Resolvi, então, ficar mudo. Não dizer nada. Só escutar. Mas não funcionou. Minha mãe foi atrás de mim para saber o que aconteceu. Meu pai me criticou porque estraguei o momento-família. No dia seguinte, fiquei procurando*

> *algum assunto neutro. Pensei em várias coisas e descartei todas. Até que me lembrei de uma atividade legal que fizemos na escola. Era um debate entre dois países e eu me saí muito bem. Durante o jantar, contei como foi essa atividade, e que contribuí com o debate com os argumentos x e y. Estava feliz por ter escapado, quando meu pai me perguntou sobre o argumento z. Eu não soube responder a ele. Pronto. Ele caiu matando, eu tinha que saber também sobre o argumento z. Ele exige que eu seja perfeito!*

Paulo se dirige à analista: "tá vendo, eu não tenho saída: se falo, é porque falo; se não falo, é porque não falo. Ele me persegue".

M – COMO ENTENDER ESSA HISTORINHA? O QUE ELA REVELA SOBRE O VÍNCULO ENTRE A CRIANÇA-EM-PAULO E SEU OBJETO?

Paulo diz que seu pai o "persegue". De fato, a historinha mostra um pai que *vai atrás da "falha"* do filho, para então criticá-lo. Por que, ou para que, o pai vai atrás da falha? Não fica claro.

Numa primeira hipótese, poderia ser uma espécie de bullying. Nesse caso, o pai confunde o filho com um objeto interno mau. Seria um ódio paranoico *primário. Secundariamente*, o pai procura, e encontra, os "motivos" para o ódio: "eu te odeio porque você não sabe o argumento z; porque comprou o tênis errado; porque não foi ao show; porque não tirou dez na prova".

De acordo com meu texto sobre o supereu cruel, para caracterizar os microvotos de morte por parte da figura parental, teríamos que reconhecer no material clínico a fórmula: "não sou eu que... é você que... e eu te odeio por isso". Em função de um núcleo paranoico importante, o pai odeia e ataca o filho por não tolerar sua subjetividade. Em Cida, tudo isso é muito claro. O pai diz "não sou eu que traí tua mãe, é você que é bocuda, e eu te odeio por isso". No caso de Pedro, a irmã diz: "não sou eu que tenho inveja do teu sucesso, é você que me traiu, e eu te odeio por isso".

Se essa hipótese estiver correta, Paulo poderia se pintar de ouro, e mesmo assim seria atacado, já que o ódio em relação a ele é anterior e independente do que ele faz. Para merecer o amor do supereu cruel, ele *teria que ser outra criança*, o que, obviamente, é impossível. Mas aqui não parece ser o caso. O pai procura a falha não para "justificar" seu ódio, e sim porque *exige um filho perfeito*.

Poderia ser, então, algo na linha de: "se você não for perfeito, não serve para mim, quer dizer, não serve para ser meu troféu narcísico". O ódio contra o filho pode até estar presente, mas seria um ódio *secundário* a um filho que, ao invés de ser um filho troféu narcísico, é um filho ferida narcísica.

M – COMO PAULO INTERPRETA A ATITUDE DO PAI?

Ele interpreta a cena como "exigência de perfeição" por parte de um pai militar. Pode ser. Para mim, a historinha mostra Paulo desesperado, tentando várias estratégias para escapar de um tiroteio. E quem diz tiroteio, diz dinâmica tanática. Pelo menos, é assim que Paulo sente. Mas ainda estamos em dúvida sobre o que motiva esse tiroteio.

Em conversa com a mãe, Paulo não ousa falar mal do pai, mas se refere a ele como "esse cara", ou então "o cara com quem você se casou".

M – POR QUE PAULO CHAMA O PAI DE "ESSE CARA"?

Nossa colega acha que ele tem medo de prejudicar esse casamento, que já é tão conturbado. Pode ser, mas parece uma racionalização.

Talvez seja uma maneira de dizer "esse cara que me ataca tanto *não pode ser meu pai*". Ou então "esse cara *que eu odeio*". E ainda: talvez tenha medo de se queixar do pai e a mãe tomar partido do marido.

Nossa colega esclarece que a mãe enfrenta o marido quando acha que ele está pegando demais no pé de Paulo. Ou seja, a mãe consegue fazer o papel de terceiro entre Paulo e seu pai. Se fosse uma dinâmica tanática ligada ao supereu cruel, não teríamos o terceiro. (É o caso de Cida, do Ateliê 1 – "*Odeio meus pais!*", o primeiro ateliê deste volume. Ela passa a vida atrás de um terceiro – a Justiça].

~

Mais uma historinha.

> *Estava tomando suco na sala e derrubei no sofá. Fui correndo limpar e usei o produto A, mas não ficou perfeito. Dava para ver a mancha. Quando meu pai viu, ficou furioso e caiu matando, perguntando se eu não sabia que era para usar o produto B, e não o produto A. Era para eu saber!*

M – SE A GENTE PERGUNTASSE A PAULO O QUE ELE ACHA DO QUE O PAI DISSE, O QUE ELE DIRIA?

Nossa colega disse que Paulo responderia que *o pai tem razão*. De fato, o sofá continuava um pouco sujo. Mas por que ele dá razão ao pai? (No Ateliê 1, "*Odeio meus pais!*", Cida ficaria com ódio pela acusação injusta e responderia alguma coisa bem "bocuda".)

M – E O QUE ELE DIRIA SE PERGUNTÁSSEMOS: POR QUE SERÁ QUE O PAI EXPLODE DESSA MANEIRA?

Será que Paulo conseguiria imaginar que, para o pai, o sofá sujo pode ser uma vergonha? Que ele poderia ter medo de ser desprezado por causa do sofá sujo? Medo de ser visto como um pai frouxo que não sabe educar o filho? Nesse caso, estaríamos diante de uma inesperada fragilidade narcísica do pai. Seria possível desconstruir a Entidade e vê-la como um mero ser humano com medo da crítica do seu próprio supereu cruel? Quem diria que esse pai militar, tão poderoso aos olhos de Paulo, explode ao ver o sofá sujo porque imagina que vão cair matando nele?

Nessa mesma linha, em algum momento, aparece material sobre a família de origem do pai. Os avós paternos são separados. Há muitos anos, o pai de Paulo só vê o próprio pai (que mora em outra cidade) no Dia dos Pais. Viajam até lá, sentam-se na sala, conversam sobre amenidades, ficam por uma hora, e vão embora. Aqui, imagino uma intervenção que poderia ajudá-lo a transformar o "jeito militar de ser" em *dificuldade na circulação do amor*. "Que triste se relacionar assim com o pai. E o amor? Cadê o amor? Parece que seu pai teve que endurecer para lidar com isso". Sim, isso faz sentido para nossa colega: muitas vezes Paulo *tenta desculpar o pai* para atenuar a raiva que sente dele.

Interessante! Paulo se esforça para *desculpar* o pai, ainda que ao preço de culpar a si mesmo.

Finalizamos o terceiro encontro com mais uma historinha.

> *Meu pai vai viajar por uma semana. Tinha que arrancar dois dentes do siso e resolveu fazer a cirurgia com um dentista amigo dele que mora em outra cidade. Ele vai sozinho porque ninguém quis ir com ele.*

Para que Paulo está contando isso à analista? A historinha admite várias escutas totalmente diferentes uma da outra.

- *É um alívio o pai ficar longe por uma semana? (Alívio por ter um tempo de paz, sem massacre da serra elétrica?)*
- *Ele é tão chato que ninguém quer ir com ele? (Triunfo narcísico por ver o pai sofrer a rejeição da família?)*
- *Sente pena do pai, que enfrentará a estrada e a cirurgia odontológica sozinho? (É um amor que se desconhece enquanto tal?)*

Vamos ter que esperar para ver o que nos reserva nosso quarto e último encontro.

Quarto encontro

A analista pergunta como Paulo está. Ele responde que está bem. Em seguida, diz que o pai voltou da cirurgia e está bem. Nossa colega fica atenta ao fato de que, para falar de si, Paulo menciona o pai.

> *Meu pai voltou com o rosto bem inchado. Depois da cirurgia, que foi complicada, ele ficou hospedado na casa do amigo dentista. Essa casa fica numa fazenda. Só espero que ele não tenha andado a cavalo! Voltou dirigindo sozinho. Vai ter que diminuir o ritmo enquanto se recupera.*

M – O QUE VOCÊ ACHA QUE ELE ESTAVA QUERENDO TE DIZER COM ESSA HISTORINHA?

Paulo estava preocupado com o pai, parecia que estava *cuidando* dele. Isso responde às duas primeiras questões que deixamos em suspenso no fim do terceiro encontro. Não parece nem alívio por ter tido um pouco de paz, nem triunfo por ver o pai ser rejeitado pela família.

Aliás, no terceiro encontro, a analista disse que parecia que Paulo estava se esforçando para *desculpar* o pai.

Desculpar o pai/preocupado com o pai/cuidando do pai. Retomo, então, a frase enigmática "*espero que ele não tenha andado a cavalo*". Por que Paulo está tão preocupado se o pai montou a cavalo ou não? O pai é tão onipotente que é capaz de fazer loucuras e se prejudicar? Não aceita ter limitações, nem num pós-operatório? Seria sinal de fraqueza?

Nossa colega acha que Paulo está falando da onipotência do pai-Entidade. Foi sozinho, voltou dirigindo com o rosto inchado, talvez tenha até andado a cavalo, como se ele não tivesse limitações, nem no pós-operatório.

E se deslocássemos um pouquinho a nossa escuta? Em vez de ficarmos com "mais do mesmo" – a onipotência do "pai da horda" –, poderíamos escutar, por exemplo: "Será que, para ele, ficar de molho é uma fraqueza intolerável?". Ou ainda: "Coitado do teu pai, tem que dar conta de tudo! Não se dá o direito de ficar fragilizado nem num pós-operatório!". Se a historinha fosse abordada por esse outro ângulo, o pai apareceria como mais humano, o que poderia favorecer a desconstrução da Entidade.

~

O momento mais interessante, e totalmente inesperado, deste ateliê foi quando finalmente entendemos que o elemento clivado era o *amor de Paulo pelo pai*. Foi quando pudemos entender "espero que ele não tenha andado a cavalo" como expressão de um amor que se desconhece enquanto tal.

Já tínhamos elementos que iam nessa linha. Nossa colega tinha percebido um *cuidado* pelo pai nas entrelinhas dessa historinha. Tinha percebido que Paulo se esforçava para *desculpá-lo* (ele é assim por causa da família de origem dele). Agora ele expressava sua *preocupação* ("espero que não tenha andado a cavalo"). Mas faltava darmos o passo seguinte: desculpar + cuidado + preocupação = amor.

Foi fundamental termos deixado em aberto a interpretação da historinha da viagem do pai para extração dos sisos. Tudo nos arrastava para outras direções: o alívio de ver o pai longe, ou o triunfo por ninguém querer ir com ele. Fazia sentido no contexto do ódio que ele sente do pai. Mas a frase "espero que..." destoava dessas duas leituras.

Introduzir a palavra *amor* é fundamental! Ao ouvir essa palavra, nossa colega associa com mais uma historinha que confirma essa hipótese.

> *Quando meus pais brigavam à noite no quarto, primeiro eu acalmava minha irmã, que começava a chorar. Aí eu descia as escadas para tirar a chave da porta. Escondia ela debaixo de meu travesseiro. Tinha medo de que meu pai saísse de casa no meio da noite de cabeça quente e acontecesse alguma coisa com ele.*

Quando puder integrar o amor que está clivado, Paulo acederá a uma posição de ambivalência em relação ao pai, em vez de ficar só no medo/ódio. A ambivalência é importante porque sinaliza a entrada na posição depressiva: o pai é uma pessoa muito difícil, mas é seu pai e ele o ama.

Quando escuta isso, uma colega do ateliê intervém dizendo que queria compartilhar uma imagem que veio à sua mente. Vejam os conceitos nos ajudando a trabalhar. Ogden (2009) propõe a ideia de *terceiro analítico*. Há o psiquismo do paciente, o do analista, e o de um terceiro sujeito psíquico. Este terceiro não é nem o paciente, nem o analista, mas a *interação* entre eles, o campo intersubjetivo formado pelos dois (ou mais) inconscientes. Pois bem: a *rêverie* é uma produção do que ele chama de terceiro analítico.

Não faz diferença quem propõe a imagem porque, seja quem for, é o terceiro analítico que a produziu. No caso do ateliê, a participante que a propôs faz parte do terceiro analítico. Mas poderia ter sido eu, ou a própria analista que conduzia o caso. O fato é que, graças a essa *rêverie*, descarto definitivamente aquela hipótese que já não me convencia. Há, sim, uma dinâmica tanática, mas por outros motivos.

A imagem que vem à mente da colega que participa do ateliê é o filme *Cisne Negro* (Aronofsky, 2010). É a história de uma mãe que investe tudo na filha para que ela se torne a primeira bailarina de não sei qual companhia de dança. A moça corresponde às expectativas da mãe e dá tudo de si. Porém, na apresentação que deveria consagrá-la, o Cisne Negro morre. A filha morre tentando dar à mãe aquilo de que o narcisismo dela precisava.

Todos no ateliê conhecem esse filme que descreve a relação turbulenta entre mãe e filha. O filme ilustra uma temática cara aos psicanalistas: a captura da subjetividade da criança por uma figura parental narcísica. A associação da colega faz muito sentido para os participantes do ateliê porque o pai de Paulo parece tão exigente quanto a mãe da bailarina. Lembramos de quando Paulo diz "meus pais investem tudo em mim" e, ao mesmo tempo, sente-se péssimo (culpado? Um fracasso?) porque não corresponde.

M – E POR QUE A BAILARINA DANÇA ATÉ MORRER?

Porque mãe e filha firmaram um *contrato narcísico inconsciente* (Aulagnier, 1979), no qual a mãe se compromete a amar a filha, contanto que ela se comprometa a ser a filha troféu que a mãe exige. Se a filha não fizer sua parte, o contrato fica automaticamente revogado e a mãe está liberada de fazer a parte dela – que é amar a criança. Ou seja, ela teme ser abandonada à própria sorte caso não corresponda às expectativas. A criança, no entanto, corresponde também por outro motivo: por amor. É por amor à mãe que a bailarina se sacrifica. Inconscientemente, a criança sabe que a mãe *precisa* que ela seja perfeita. Sabe que cabe a ela *salvar a mãe* cujo narcisismo é capenga. A mãe investiu tudo na carreira da filha e espera obter ganhos narcísicos compatíveis. A filha sabe que funciona como extensão narcísica da mãe. O sucesso da filha será o sucesso da mãe. O fracasso da filha será o fracasso da mãe. A bailarina dança até morrer para salvar a mãe da melancolia.

Agora que escrevo, podemos ressignificar aquela historinha sobre a prova de matemática. Paulo fica quase feliz quando vai muito mal. Ficamos intrigados com o fato de ele ficar quase feliz. No contexto, ele fez a prova doente, o que, aos olhos do pai, justifica seu desempenho medíocre. Nessa nova leitura, ele fica feliz porque "resistiu" a ser o troféu narcísico do pai, mas sem precisar confrontá-lo diretamente.

Lembro que ninguém consegue confrontar a Entidade esmagadora. Aqui, Paulo tinha um bom álibi para não entregar ao pai o que ele exigia, sem despertar sua fúria narcísica: estava doente. É como se a bailarina não pudesse dançar por ter quebrado a perna. É totalmente diferente de enfrentar a mãe dizendo que não quer ser bailarina, ou algo equivalente. Essa hipótese é impensável porque ela está capturada/alienada pelo psiquismo materno. Paulo conseguiu sair pela tangente ao adoecer, mas tem muito chão pela frente até conseguir enfrentar o pai. Antes, ele terá que desconstruir a Entidade.

~

A mãe da bailarina poderia ser descrita como exigente. É o termo que Paulo usa para descrever seu pai. No entanto, há uma diferença gigantesca entre uma mãe *exigente* e uma mãe que *precisa desesperadamente* que a filha funcione como um troféu narcísico.

A mãe *exigente* é uma Entidade. Do alto da sua onipotência, ela pode salvar ou destruir a criança. É simplesmente impossível confrontar a Entidade, sob pena de ser esmagado por seu poder. Não há alternativa a não ser se submeter à sua exigência.

Já a mãe que *precisa desesperadamente* de um filho ou filha-troféu, não está com essa bola toda. Aos olhos da criança, pode até parecer forte, mas, na verdade, ela é narcisicamente muito frágil. É alguém que tem pavor de se ver como um fracasso e luta desesperadamente para não cair num buraco melancólico. A criança se vê convocada a se sacrificar para salvar a mãe, tanto por amor, quanto porque não pode se dar ao luxo de depender de uma mãe melancólica. Ela salva a mãe para que a mãe a salve.

Essa dinâmica também é tanática, mas muito diferente daquela que imaginávamos no começo. Tínhamos interpretado a "exigência de perfeição" de que Paulo tanto se queixa como manifestação de microvotos de morte. Agora, a mesma exigência de perfeição ganha outra leitura. Retomo a historinha em que, na hora do jantar, o pai fez uma pergunta à qual Paulo não soube responder. Ele teria que conhecer o argumento z, não para seu próprio desenvolvimento, mas para alimentar o narcisismo do pai. Ele faz um uso narcísico do filho.

Paulo se revolta, mas está capturado nessa "missão". Nesse sentido, sua vida não lhe pertence. É um bom motivo para que um adolescente fique deprimido. Não sei se é suficiente para impedir a travessia adolescente, mas com certeza é um dos elementos que pesa. De qualquer modo, Paulo procura análise para se libertar dessa captura.

Diante da menção à morte do Cisne Negro, uma colega do ateliê pergunta se o amor mata. Não é o amor que mata, mas a criança capturada pelo narcisismo da figura parental *pode morrer tentando salvá-la.* Ela não sabe que não tem como salvar um pai ou uma mãe de sua própria patologia.

Nesse momento, nossa colega conta que Paulo se sente responsável por salvar o casamento dos pais, o que é, claramente, um desdobramento dessa mesma posição subjetiva na qual está capturado. É uma missão impossível.

Antes de encerrarmos, uma colega pergunta qual é a diferença entre ateliê e supervisão. No ateliê, o foco é aprendermos a *pensar analiticamente.* Precisamos apenas de umas poucas historinhas para tentar apreender "quem" é o paciente (em termos de funcionamento psíquico), "onde" ele está (em termos de posição subjetiva) e "com quem ele pensa que está falando" (com que figura transferencial está em diálogo implícito). Em supervisão, além de tudo isso, o foco é ajudar o analista a ajudar seu paciente.

O ateliê se diferencia também de um seminário clínico porque são quatro encontros, o que nos dá a oportunidade de corrigir rotas. Foi o que aconteceu aqui. Começamos pensando nesse paciente cheio de dúvidas como um obsessivo. Depois, com sua insistência sobre o pai que o critica sem parar, que não está satisfeito nunca, e mais outros elementos, pensamos numa dinâmica tanática do tipo supereu cruel. Por fim, aos 45 minutos do segundo tempo e com a *rêverie* de uma das participantes do ateliê, conseguimos apreender a dinâmica que mantém Paulo enroscado em seu objeto.

E nossa colega tem razão em se preocupar com Paulo. Assim como a bailarina, ele corre o risco de morrer tentando salvar o narcisismo do pai.

O que aprendi com esse ateliê?

Paulo se queixa do pai "muito exigente". É uma queixa frequente na clínica. Aprendi a reconhecer duas dinâmicas diferentes nessa expressão: 1) "Só vou te amar se você for perfeito" (ou seja, nunca, porque é impossível ser perfeito); 2) "Você tem que ser perfeito porque preciso de um filho troféu". Ambas são dinâmicas tanáticas entre a criança-em-Paulo e seu objeto.

Na primeira, não importa o que Paulo faça, ele não serve para esse pai (representante do supereu cruel). Para conseguir seu amor, ele teria que ser outra criança – o que, naturalmente, também é impossível.

Na segunda, se Paulo conseguir entregar ao pai a "perfeição" exigida, vai finalmente merecer o amor dele. O pai não é um representante do supereu cruel. É um pai narcísico que precisa desesperadamente de um filho troféu. Com isso, foi possível ressignificar o material da prova de matemática. Contudo, ele corre o risco de entregar sua vida a essa missão, em vez de viver para si.

Neste ateliê, oscilamos entre as duas, mas fechamos com a segunda. Paulo precisaria ser ajudado a reconhecer em que tipo de dinâmica está capturado. Quando ele puder desconstruir a Entidade, vai reconhecer que o pai odiado-amado não passa de uma criança insegura.

Ateliê 3
O vínculo que vira fumaça

No ateliê "*Odeio meus pais*!" (primeiro ateliê deste volume), logo no primeiro encontro, foi possível reconhecer a organização psíquica de Cida. Neste, ao contrário, tivemos que esperar até o quarto encontro para reconhecer "quem" é Antônio. Foi preciso atravessar um matagal de material clínico em que o paciente se queixava do pai para reconhecer, em seus atrasos sistemáticos e no impacto que produziam na analista, um tipo inesperado de transferência sobre o enquadre.

Tivemos uma experiência interessante. Começamos lendo o material pelo crivo da exigência de uma relação fusional. Em certo momento, entendemos que essa exigência estava relacionada a uma fragilidade narcísica extrema. Com o andamento do ateliê, pudemos reconhecer clivagens importantes. No quarto e último encontro, foi finalmente possível fazer contato com a natureza do sofrimento narcísico no vínculo primário. E então pudemos relacioná-lo ao campo transferencial, que havia ficado em suspenso desde o primeiro encontro.

No fechamento do ateliê, a analista disse que sentiu uma sensação quase corporal de que as coisas finalmente faziam sentido, numa direção completamente diferente da que vinha trilhando. Essa sensação corporal corresponde àquilo que descrevi no Capítulo 1, "Ateliê clínico: para quê?", do volume 1: a experiência emocional e intelectual de integração teórico-clínica.

Primeiro encontro

Antônio, 23 anos, em atendimento há dois anos, duas vezes por semana. A análise começou presencial, mas a analista mudou de cidade, de modo que continuaram online. A colega traz o caso porque não vê saída. A vida do paciente está trancada e a análise também.

Foi o pai que tomou a iniciativa de ligar e veio para o primeiro encontro (presencial). Procurou ajuda quando o filho voltou de um intercâmbio de um ano. "Achei que ia fazer bem a ele, mas está mais perdido do que nunca".

Antes mesmo de falar de Antônio, nossa colega fala longamente sobre o pai. No primeiro encontro, teve a impressão de uma pessoa muito difícil – um homem muito atrapalhado e angustiado. Essa impressão se confirma por conta de seu comportamento durante toda a análise do filho. Invade o enquadre o tempo todo, escreve mensagens para a analista, conta a ela tudo o que o filho fez ou deixou de fazer, pressiona por orientação, enfim, dá um trabalho enorme. A nossa colega tentou estabelecer regras para deixar o campo um pouco mais livre e tentou de tudo para conter a angústia dele, mas em vão. Qualquer combinado vira fumaça, o que é desanimador.

Antônio chega meia hora atrasado para a primeira entrevista. Vejam o primeiro material clínico.

Meu celular pifou. Como o endereço do teu consultório estava lá, eu não tinha como entrar em contato com você. Fiquei perdido, sem saber para onde ir.

Nesse momento, ainda não tínhamos ideia de como essa frase já anunciava o elemento mais importante da transferência. Mas sem *spoilers*, um passo de cada vez.

A primeira impressão da analista é de que Antônio tinha um jeitão "à vontade demais". Junto com o jeito atrapalhado, tudo indicava tratar-se de um adolescente um pouco imaturo, um pouco "sem noção". Veremos, contudo, que essa era apenas a ponta do *iceberg*. Não fica claro se ele vem porque sente que precisa de ajuda, ou se porque o pai acha que ele está perdido.

Ao longo das sessões, a colega vai conhecendo Antônio. Ele informa que estudou tecnologia da informação, largou o curso no meio, fez intercâmbio e agora está estudando administração. Está desmotivado com o curso, quase não vai às aulas. Mora com o pai, que é "doente e maluco", explosivo e autoritário. Está sempre cobrando, criticando e controlando tudo o que Antônio faz.

Mas é graças à contratransferência que temos o material mais significativo: nas entrelinhas, a colega capta que o paciente não se sente bem em lugar nenhum; *ele está à deriva na vida*. O material vai mostrando que Antônio não tem interesse por nada. Vai vivendo um dia após o outro. Ou melhor, sobrevivendo. Boa parte das sessões gira em torno de queixas contra o pai. O ódio ocupa o primeiro plano. Não chega a se dar conta de que também sofre por não estar à altura das expectativas dele.

A colega comenta conosco que a descrição que ele faz do pai corresponde exatamente à sua própria experiência. Não há como negar que Antônio tem mesmo um pai tóxico. É muito difícil escutar algo diferente e parece que Antônio tem razão ao afirmar que "só vai melhorar quando o pai mudar".

O irmão mais novo conseguiu sair de casa, mas ele está preso, pois depende financeiramente do pai tirânico e arbitrário. E as sessões vão se sucedendo com *mais do mesmo*: "meu pai isso, meu pai aquilo". Este, por sua vez, ameaça a analista dizendo que se não estiver satisfeito vai parar de pagar. As únicas saídas que Antônio consegue imaginar são impossíveis, pois nem ele consegue se afastar do pai (foi para um intercâmbio e não adiantou nada), nem o pai vai mudar de atitude.

Frente a esse "mais do mesmo", todos nós no ateliê nos sentimos como a analista e como Antônio: sem saída. Mais do mesmo. Compulsão à repetição. Sabemos que o material que se repete indica que algo da ordem do traumático está em busca de elaboração para poder ser integrado. Não é que ele não fale de seu sofrimento, mas tudo o que ele diz é consciente. Precisamos acessar o sofrimento da criança-nele, inconsciente, no meio do matagal de "mais do mesmo".

~

Foi o que me levou a tentar outro caminho. Apesar das dificuldades colocadas pelo online – uma parte importante da comunicação se perde quando não temos os corpos em presença –, pergunto à colega *como é* o contato com ele. Estou interessada em saber se ela se sente convocada de alguma maneira especial, ou no tipo de impacto que o discurso do paciente lhe produz. São elementos essenciais para tentarmos reconhecer de que campo transferencial se trata.

Ela retoma a descrição de um adolescente (adolescência tardia, pois ele tem 23 anos) um tanto desorganizado, que parece não ter noção de enquadre. Além dos atrasos em quase todas as sessões, frequentemente circula pela casa sem camisa, ou então está almoçando ou jantando durante a sessão. Fora isso, ela tem a impressão de estar diante de um adolescente razoavelmente sensato, com dificuldades de relacionamento com um pai que, de fato, é muito complicado. Aliás, o próprio pai também parecia "sem noção". Não só também não tem noção de enquadre, como lhe faz perguntas do tipo: "você é boa profissional?".

Frente a esse "mais do mesmo", eu me interesso pelos *atrasos*. Todos já tivemos pacientes assim.

M – O ATRASO É UM FATO. MAS COMO VOCÊ VIVE ESTE FATO?

Nesse primeiro encontro, ela responde que ficava um tanto frustrada porque o trabalho era interrompido a cada vez, mas vimos que era bem mais do que isso. Vou dar um *spoiler*: foi só no quarto encontro do ateliê que a colega acrescentou uma nova informação. Disse que, apesar de conhecer muito bem esse padrão, ela era sempre *pega de surpresa*. Nunca sabia o que esperar. Viria ou não viria? Com 10, 30 ou 40 minutos de atraso?

Para Freud, o traumático tem a ver com ser pego de surpresa, sem defesas. É um acontecimento que desorganiza o Eu justamente porque não estava preparado para enfrentá-lo. Aqui, porém, não deixa de ser curioso: como é possível que, conhecendo o padrão, ainda assim ela tivesse essa experiência de ser pega de surpresa? Talvez a contratransferência seja um caminho fértil para reconhecermos a transferência, mais do que com a realidade factual dos atrasos.

Agora que escrevo, se tivesse de pôr em palavras a experiência contratransferencial, seria mais ou menos assim: Antônio se fazia presente por sua imprevisibilidade. Esse *modo de presença* era vivido pela analista com um *sofrimento que se desconhece enquanto tal.* Ela investe na análise/no paciente/em sua presença e, na maioria das vezes, fica no vácuo. E, como veremos, esse *ser imprevisível e deixar o outro no vácuo* nos dará uma pista importante sobre o campo transferencial desta análise. Porém, como disse, caminhamos muito ao longo de quatro encontros até chegarmos no parágrafo anterior.

M – VOCÊ TEM IDEIA DE POR QUE MOTIVO ANTÔNIO SE ATRASA SEMPRE?

- *Ele se atrasa para se opor ao que vive como uma imposição da analista? (Não vou me submeter a você, vou quando eu quiser).*
- *Ele se atrasa porque está perdido e à deriva, sem noção de tempo?*
- *Porque está "chapado", por exemplo, viciado em videogame?*
- *Por que alguém teria que organizar a vida dele?*

A colega não sabe. Sempre pensou nele como um garotão meio irresponsável. Nesse sentido, concordava com o pai. Só que "irresponsável" é um juízo de valor. Para sair desse plano, precisamos entender o que significa isso do ponto de vista metapsicológico. Cada uma das respostas propostas citadas nos levaria a um universo subjetivo completamente diferente.

Tentamos "entrar no planeta" de cada um para conversar com quem está de fato lá. Uma pessoa que se atrasa porque está à deriva é completamente diferente de outra que se atrasa para resistir a um objeto vivido como esmagador (tipo: você TEM que chegar na hora que eu determinei). Sem isso, é difícil interpretar algo que faça sentido para *aquele* atraso. Dizer "você se sente perdido" é muito diferente de dizer "você odeia chegar na hora porque sente que estaria se submetendo a mim".

A colega continua apresentando o caso. Antônio não estuda e falta muito na faculdade. Pergunto o que ele faz o dia inteiro. Ele fica na praia, fica no celular, faz esportes, ou simplesmente não faz nada. Na maior parte do tempo, ele não parece muito preocupado com isso, o que tira o pai do sério – e então ele briga mais, cobra mais, enfim, reforça o círculo vicioso.

Com base nesse material, abro uma nova discussão. Falo do risco de adotarmos uma postura superegoica travestida de interpretação. É tentador dizer que, quando escolhe ir à praia em vez de ir para a faculdade, Antônio não está sendo uma vítima passiva do pai. Ele sabe o que está fazendo, é uma provocação, já que conhece as consequências.

Felizmente a analista não foi por aí. Disse algo na linha de que, para não sofrer, ele se anestesia na praia ou com o celular. Escapou da postura superegoica e acolheu o sofrimento. No entanto, indiretamente, reforçou a crença de que a culpa de tudo é do pai. Se o pai mudasse, ele não precisaria se anestesiar na praia.

De modo que falta dizer algo um pouco mais preciso, um pouco mais direto e cirúrgico no ponto do sofrimento – me vem a imagem da precisão de uma agulha de acupuntura. Explico. Se a gente frequentar um pouco o planeta em que Antônio vive, vamos perceber que, para ele, "ir para a faculdade" simplesmente não faz sentido nenhum.

Como não tem projeto de vida, "se formar" também não faz sentido nenhum. "Estudar", então, nem se fale! Os outros estão lá porque vislumbram um futuro. Já ele vive um dia após o outro no "modo" sobrevivência/melancólico. Sendo assim, dá para entender quão inútil seria falar com ele sobre a importância de frequentar as aulas. Ele não vai porque não consegue. Sabe perfeitamente que o pai vai cair matando se repetir de ano.

Para sair desse impasse, temos que conseguir falar com a parte dele que ainda não foi acessada por ninguém, e que ele também não acessa – motivo pelo qual ele continua repetindo cegamente algo que vai acabar lhe causando ainda mais dor. No ateliê, em certos momentos, paro de falar (eu falo muito!) e proponho aos participantes *exercícios de intervenção*. O que cada um do grupo diria a Antônio, a partir do pensamento clínico que acabamos de esboçar? Eis algumas das intervenções propostas pelos/as colegas.

- *"Você não consegue estudar porque isso não faz nenhum sentido para você. Estudar para quê?"*
- *"De algum jeito, ficar em casa jogando faz mais sentido do que ir para a faculdade."*
- *"Você joga bem? Imagino que seja bom se sentir competente em alguma coisa."*
- *"Ficar na praia é um jeito de sentir que ninguém manda em você, que você é dono do seu nariz."*
- *"Deve ser muito doloroso sentir que você não é o filho que seu pai queria. E, ao mesmo tempo, você não consegue fazer diferente."*

Reservo-me o direito de escolher, dentre todas, a que considero mais "ao ponto". Faço um mix e proponho algo como: "imagino que, quando você vai para a faculdade, fica se perguntando o que está fazendo ali. Nada daquilo faz sentido para você".

Com esse tipo de intervenção, estou tentando fazer duas coisas ao mesmo tempo, dois coelhos com a mesma cajadada (expressão antiga, eu sei, vejam no Google). Faço referência à proposta de Green (1984) de dupla transferência, sobre o objeto e sobre a linguagem.

Procuro estabelecer na transferência uma *comunicação empática profunda* com a parte dele que vive um *sofrimento que se desconhece enquanto tal.* Comunicação. Empática. Profunda. Três termos que mereceriam, cada um, uma longa conversa. Em suma, é uma maneira de dizer "estou te enxergando, sei onde você está, você está comunicando algo, eu posso entender como você se sente, você não está mais sozinho aí". Algo que certamente ele nunca teve – ou muito pouco.

Ao mesmo tempo, procuro ampliar seu repertorio simbólico para que ele possa reconhecer *de que sofrimento se trata.* Ofereço palavras para que ele possa construir uma narrativa para seu próprio sofrimento. E vejam só: há o *sofrimento consciente,* o pai vai brigar com ele mais uma vez. E há o *sofrimento inconsciente*: a vida dele é um grande vazio sem sentido. Ele não sabe que sofre porque não vê sentido na vida.

~

Se você leu o Capítulo 2, "Você sabe para que serve uma análise?", do volume 1, viu que nosso objetivo na análise de pacientes que apresentam um sofrimento não neurótico (Minerbo, 2019a) é oferecer condições para que possam retomar seu trabalho de simbolização primária interrompido pelo traumático. Quais seriam essas condições? Um modo de presença capaz de estabelecer uma comunicação empática profunda com o sofrimento da criança-nele e, ao mesmo tempo, trazer elementos que ajudem o paciente a fazer contato com um sofrimento que se desconhece enquanto tal.

Repetindo: Antônio pensa que sofre por causa do pai. Quando conseguimos a comunicação empática profunda, entendemos que ele sofre porque sua vida não tem sentido, mas não tem a mínima ideia disso. E muito menos que sua vida não tem sentido porque, em algum momento, ele se perdeu de si mesmo. Uma parte importante de sua própria história e de suas experiências emocionais não está subjetivada. Está inacessível porque está clivado, isto é, sem representação.

M – Antônio tem mãe?

A colega responde que tem. Casou-se de novo e tem outra família. Quando está desesperado, Antônio vai pedir abrigo na casa dela, mas ela é muito inconsistente, não dá para ficar por lá muito tempo. Pergunto à colega: "inconsistente como?". Ela traz alguns fragmentos clínicos que ilustram como Antônio pode até ficar com a mãe, mas não faz parte da família. Ele se sente uma visita, um hóspede. A mãe não consegue realmente "portá-lo" psiquicamente, ele não se sente investido.

Abro, então, uma discussão sobre como a mãe não consegue fazer o papel do terceiro. Sim, terceiro, mesmo sendo a mãe. O pai é claramente o representante do objeto primário – ou da Entidade, como costumo dizer. Quando falo em objeto primário, refiro-me inicialmente a quem, no ambiente, se responsabilizou pela sobrevivência física e emocional da criança, mas também com que psiquismo(s), isto é, em que tipo de vínculo intersubjetivo a criança precisou se constituir. E, por fim, com que objeto interno/externo ele ficou enroscado, sem conseguir a separação sujeito-objeto.

Enfim, o pai-Entidade aparece em primeiro plano o tempo todo. É com ele que Antônio está enroscado. Não há um terceiro que faça o meio de campo entre a criança e seu objeto primário, de modo que fica inteiramente em suas mãos.

A colega que atende Antônio me pergunta: como lidar com o pai que manda mensagens todos os dias? Respondo que não sei. O pai não está em análise. O trabalho é todo online. Duas vezes por semana. Em cidades diferentes. Em termos de enquadre, as condições estão longe de ser as ideais. E ainda que fossem, ter de lidar com a patologia dos pais quando ela interfere na análise dos filhos é sempre um desafio.

Nossa colega nos conta que conseguiu um feito: chamar os dois para uma conversa presencial. Sua ideia era tentar "traduzir" um para o outro. Dizer para o pai que Antônio sofre porque não consegue ver sentido em sua vida e que, para ele, "futuro" não quer dizer grande coisa. E contar a Antônio que o pai pode ter pavor da responsabilidade de criar um filho sozinho, se não der certo a culpa é toda dele etc. Mas não funcionou.

De algum modo, nossa colega está identificada com a criança-em-Antônio. Ela também tem medo de ser sumariamente demitida (morta) se não corresponder às expectativas do pai. Como seu paciente, ela acredita que este homem teria que mudar para que ela pudesse trabalhar direito. E, de fato, investe esforços consideráveis nessa tarefa inglória.

No entanto, é importante se desidentificar desse lugar na contratransferência para lembrar que o objetivo de uma análise não é mudar a realidade, e sim mudar a leitura que o paciente faz de sua realidade. Em outros termos, Antônio teria de mudar de posição subjetiva. Em vez de ler o pai como uma Entidade acima do bem e do mal, que pode salvar ou matar, e da qual Antônio depende de forma absoluta, ele teria de conseguir vê-lo como um mero ser humano, ressignificando assim seu sofrimento.

Depois de ter escrito *Notas sobre a aptidão à felicidade* (2023), reconheço agora, como pano de fundo das queixas de Antônio em relação ao pai, a posição subjetiva do narcisismo primário. Ele afirma que só vai melhorar quando o pai mudar de atitude. Ou seja, continua achando que o pai é uma Mãe Absoluta que poderia e deveria fazê-lo feliz.

Segundo encontro

Tenho poucas anotações sobre este encontro. Seu valor é mostrar como se deu, neste caso, o processo de tentativa e erro na construção de um pensamento clínico.

A colega nos conta que Antônio se irrita com ela quando propõe pensarem juntos em qual seria sua parte na situação penosa que vive com o pai, ou no fato de sua vida estar parada.

Falei em tentativa e erro. Dá para entender qual é sua tentativa. Tenta trabalhar para que Antônio deixe de funcionar no modo projetivo (tudo é culpa do pai) e se responsabilize minimamente por sua vida. Foi um erro, como pudemos compreender pelo fato de que ele ficou duas semanas sem aparecer. Só aceitou voltar quando trocaram dia e horário da sessão.

Parece, então, que Antônio se sentiu criticado e responsabilizado por seus problemas (ele deve ter escutado: se tua vida está parada, a culpa é tua). Esse erro é muito valioso e importante porque indica que estamos escutando no nível errado. Ela está escutando um adulto que poderia se responsabilizar pelos seus atos, mas nosso foco é a criança-em-Antônio que está tentando contar algo sobre um sofrimento que se desconhece enquanto tal.

Para trabalhar com a transferência negativa instalada por um erro do analista (o que é bem diferente de uma transferência negativa relacionada à psicopatologia do paciente) é preciso *se implicar*. Se percebemos que ele se sentiu criticado (ele some por duas semanas), podemos sempre dizer "eu te disse x, e talvez você tenha sentido que estou do lado do seu pai e contra você". Ou então: "eu te disse x e você sentiu que eu não entendi nada. Vamos tentar de novo".

~

Mas voltemos ao caminho que nossa colega estava trilhando.

Quando o paciente se irrita com o convite para pensar em sua parte de responsabilidade, inicialmente ela não reconhece que escutou o adulto (que supostamente poderia ser responsável, mas não quer), ao invés de tentar ouvir a criança-no-adulto que, do jeito que pode, está tentando dizer outra coisa. Ela interpreta sua irritação como intolerância à diferença: ele supõe que ela esteja vendo as coisas exatamente como ele, ou melhor, exige que ela pense exatamente como ele. Ela tenta avançar nessa linha: "se eu não concordo 100% com você, viro tua inimiga"; ou ainda: "se eu só concordar com você, para onde a gente vai?".

M – QUAL A TEORIA IMPLÍCITA DA ANALISTA?

A teoria implícita em sua intervenção é que Antônio busca uma relação fusional. Por isso, ela tenta fazer um "mínimo descolamento" do lugar esperado por ele. A irritação é lida como reação esperada à quebra da relação fusional. A interpretação é que se ela tenta se separar um pouco, ele se sente abandonado e traído. Vemos aqui a ideia de Winnicott, de que a analista tem que sobreviver à fúria do paciente quando se desloca do lugar da preocupação materna primária.

A analista tinha bons motivos para pensar nessa linha. Ela nos conta que ele teve uma namorada e, na época, sua leitura do material clínico era de que ele esperava que ela fosse a mãe da preocupação materna primária. Em sua transferência com a garota, ele a via como a Mãe Absoluta que podia e devia se adaptar perfeitamente às suas necessidades. Ele se irritava muito quando ela não o fazia. De modo que "trazer essa dinâmica para a transferência com a analista" fazia todo o sentido.

Foi interessante a colega tentar uma interpretação diretamente transferencial para constatar que esse tipo de intervenção não fazia nenhum sentido para Antônio. Talvez fosse mais produtivo abordar a transferência com a namorada. Por exemplo: "ela teria que te satisfazer plenamente e, se não o faz, você entende que ela não está nem aí para você. Dá para entender que fique tão irritado com ela".

Voltando à namorada, ele se queixava muito de que ela não parecia estar conectada com ele. Marcavam de se encontrar e ela atrasava horas. Acabaram rompendo. Para nós, no ateliê, conforme a colega ia trazendo material clínico, fomos percebendo que talvez não fosse só o ódio pela perda da relação fusional. A namorada era o sol em torno do qual ele orbitava, o que o poupava de perceber que não tinha vida própria. Era ela que propunha os programas e que cuidava de tudo. Sem ela, ficou à deriva na vida.

Isso mudou nossa escuta. Começamos a entender "quem" é essa pessoa, como é o universo subjetivo que ele habita, e por que não consegue construir uma vida própria. Numa relação de extrema dependência, resta a Antônio orbitar em torno do pai – a Entidade que pode salvá-lo ou destruí-lo. O ódio e o desamparo indicam a *extrema fragilidade narcísica*. Antônio não é só um adolescente atrapalhado e perdido. O buraco é mais embaixo. Temos falhas importantes na constituição do narcisismo primário. Se ele busca uma relação fusional, é para se manter minimamente "em pé" narcisicamente falando.

M – SABEMOS QUE ESSE TIPO DE FRAGILIDADE NARCÍSICA TEM A VER COM FALHAS IMPORTANTES NO VÍNCULO PRECOCE. MAS QUAIS? O QUE DEU TÃO ERRADO NO VÍNCULO COM O OBJETO PRIMÁRIO? (FOI SÓ NO QUARTO ENCONTRO QUE CONSEGUIMOS RESPONDER A ESSA PERGUNTA).

Frente a essa questão, a colega associa com material em que Antônio fala de uma série a que está assistindo: *Apocalipse Zumbi*. Nós, no ateliê, nos animamos com essa associação porque confirma o caminho que estamos tomando. Não é "apenas um garotão perdido ou sem noção". O buraco é mais embaixo. Graças à série, ele finalmente conseguiu colocar em palavras algo de sua experiência de ser um zumbi, um morto-vivo. E do terror frente a um apocalipse que, temos todo o direito de supor, já aconteceu no seu vínculo precoce. Antônio se representa como um morto-vivo dentro de um pesadelo sem fim. O recado está dado...

Terceiro encontro

A colega traz material clínico novo. Por vezes, Antônio embarca num discurso politicamente correto. Quando fala das minorias, o discurso é progressista e ele sabe que deveria empatizar com seu sofrimento, mas o que deixa a colega perplexa é que é um discurso vazio de afeto. Ele fala da boca para fora. Na verdade, ele não sente nenhuma empatia. Ele mesmo se surpreende quando percebe que não sente nada.

O material parece feito sob medida para ilustrar o que é a *clivagem*: o adulto sabe *falar* sobre o sofrimento da minoria, mas o discurso é vazio de afeto porque a criança-no-adulto *não consegue fazer contato* com a dor. E isso pela boa razão de que, para sobreviver, a criança se clivou da parte de seu psiquismo que poderia senti-la. Antônio se dá conta de que não sente nada, quando deveria estar sentindo alguma coisa. A dor psíquica não está subjetivada. O acesso ao clivado se dá, inicialmente, por meio de "interposta pessoa" – no caso, a dor intolerável do negro num país racista.

M – COMO AJUDAR A DIMINUIR ESSA CLIVAGEM PARA QUE O TRAUMÁTICO POSSA SER INTEGRADO?

Um bom caminho pode ser engatar no discurso dele sobre racismo. Isso porque a escuta analítica reconheceu que a fala sobre o negro, numa relação assimétrica com o branco, representa a criança-nele na relação assimétrica com seu objeto. É uma oportunidade de falar, por "interposta pessoa", sobre o horror que deve ser viver tamanha impotência e desamparo.

Talvez seja possível tocá-lo com uma intervenção do tipo "deve ser horrível ter sido privado do básico. Imagino que dê muito ódio dos brancos (do teu objeto primário)". Ou ainda: "os brancos (o teu objeto primário) nem imaginam o que é não ter as necessidades básicas atendidas (tua criança-no-adulto)". Será que ele consegue sentir essa dor e esse terror na própria pele, no lugar do discurso politicamente correto, mas vazio?

A dor que se desconhece enquanto tal – pois está clivada – se transforma em ódio (do pai, que é representante do objeto primário). Por isso, fazer contato com a dor deveria permitir a transformação do ódio em mera raiva, e deveria permitir também um afeto novo: a tristeza, que seria indicativa de algum trânsito pela posição depressiva. "Como é triste que seu pai tenha tantas limitações."

Em algum momento, Antônio comentou que, quando era criança e ficava doente, não tinha ninguém para lhe fazer uma sopinha/aconchego. Pergunto à colega o que ele faria com uma intepretação do tipo "que triste um pai que não faz ideia de como cuidar de seu filho doente". Ele conseguiria ver um pai desamparado, no lugar de uma figura autoritária, abusadora e tóxica? Ou ele interpretaria tua interpretação como "você está com pena do meu pai, quando deveria sentir pena de mim"?

Nossa colega diz que tentou essa linha algumas vezes. Antônio até entende intelectualmente que seu pai tem limitações, mas não consegue integrar esse saber emocionalmente. A ficha não cai. Ressentido, ele responde o de sempre: "se eu estou me tratando, ele, que é muito mais doente do que eu, deveria ser o primeiro a querer se tratar para não me enlouquecer".

Em tese, a capacidade de ficar triste indicaria, em primeiro lugar, que a Entidade está sendo desconstruída. Ele estaria descobrindo que o pai é um mero ser humano. Ao mesmo tempo, seria indicativo de que o trabalho psíquico de integração está em curso – o que é um progresso, em termos de retomada do processo de subjetivação. O fato é que Antônio está longe disso. Por enquanto, ele não renuncia à esperança – ou seria exigência? – de que o pai faça análise.

Preciso confessar que não pudemos nos impedir de rir de sua expectativa. Todos os participantes do ateliê estavam rindo, cada um no seu quadradinho do *Zoom*, o que é ainda mais engraçado com o áudio desligado. Como Antônio conseguia sequer *imaginar* seu pai em análise? Se seu pai tivesse condições psíquicas de procurar uma análise, ele já seria outra pessoa, e não daria tanto trabalho a Antônio (e à analista).

No meu livro sobre aptidão à felicidade, uso a expressão "murro em ponta de faca" para falar de pessoas que odeiam a realidade tal como ela é e que passam a vida lutando contra ela. No ateliê, pudemos conversar sobre o que esperar de uma análise. Por melhor que seja, ela não muda a realidade do paciente. O pai vai continuar sendo o pai. Não adianta ficar esperando que ele se transforme em outra pessoa. O que muda é o olhar do sujeito, sua posição subjetiva e como ele interpreta sua realidade.

De modo que, quando uma análise é bem-sucedida, o paciente sai da posição subjetiva de "assujeitado a um destino cruel" para "sujeito de sua própria vida". Quando ele tiver desconstruído a Entidade, espera-se que, em vez de continuar se queixando, consiga dizer para si mesmo: "ok, esse é meu pai, o que eu vou fazer com isso daqui para frente?". O que costuma acontecer, contudo, é que, quando um muda, o outro muda junto. Por exemplo, digamos que Antônio comece a ver sentido na sua vida e se engaje em alguma atividade. É possível que o pai fique menos angustiado e recue de sua posição de crítica e de controle.

Quarto encontro

Este último encontro nos reservou grandes surpresas e fez esse ateliê realmente valer a pena. O título "O vínculo que vira fumaça" nasce com uma historinha que ouvimos hoje.

Nossa colega começa dizendo que continuam na saga dos atrasos. Um dia, ele se atrasa 25 minutos. Na sessão seguinte, ele manda mensagem quase no fim da sessão dizendo que se esqueceu "porque era um novo horário" (que ele mesmo tinha solicitado). Pergunta se a analista tem um horário mais tarde no mesmo dia. Ela diz que não, mas pode esticar 15 minutos do seu próprio horário. Ele aceita, ela fica esperando, e mesmo assim ele não aparece. Ela fica no vácuo.

M – TURMA, AINDA NÃO CONSEGUIMOS ENTENDER O QUE ESSES ATRASOS PODEM SIGNIFICAR. QUE SENTIDO PODEMOS DAR A ELES?

Voltamos a propor hipóteses.

- *Seria uma forma de agressividade passiva? Estaria castigando sua analista por alguma coisa que ela tenha dito?*
- *Ele acha que é o reizinho e que a analista é a súdita? Acha que o mundo lhe deve?*
- *Antônio tem zero noção de enquadre, os horários não querem dizer absolutamente nada para ele?*

Não sabemos. A colega prossegue dizendo que tem mais "material projetivo". Pergunto o que ela chama de "material projetivo". Para dar um exemplo, ela traz uma historinha.

> *Meu pai decide tudo na minha vida. Estou refém do que ele decide. Eu tinha começado a treinar futebol e estava curtindo. Um dia, chego ao treino e o técnico me diz que não faço mais parte do time. Pergunto por que, e fico sabendo que meu pai parou de pagar. Não posso mais treinar. Fico furioso, mas não posso fazer nada porque estou nas mãos "desse louco". Ele é assim. Sempre foi. Só vou conseguir melhorar se ele mudar.*

Ah! Então é isso que a colega entende por "material projetivo"! É o fato de atribuir ao pai a culpa por tudo, e não se responsabilizar por nada. Se ela tem essa escuta, faz sentido que se esforce no sentido de ele "projetar menos". E, para isso, confronta-o com uma situação em que a "responsabilidade" é toda dele: "mas a faculdade ele continua pagando, você poderia ir, mas não vai".

Obviamente, ele fica furioso, pois está sendo escutado como se fosse uma questão de escolha e estivesse em seu poder ir à faculdade (aliás, é o que ele diz do pai: bastaria querer ser mais legal e estaria tudo resolvido). Como sabemos, é um sintoma, e desde os primórdios da psicanálise, já sabemos que não adianta combater sintomas cuja determinação é inconsciente.

~

M – PRECISAMOS MUDAR DE ESCUTA. E SE A ÊNFASE NÃO FOSSE "SOU REFÉM DO MEU PAI", E SIM O SÚBITO SUMIÇO DO FUTEBOL DE SUA VIDA?

Vamos imaginar que ele (a criança-nele) estabeleceu um vínculo com o futebol (seu objeto primário) e que, de um dia para o outro, do nada, o objeto some, deixa de estar disponível. Melhor dizendo: o que some não é só o objeto; é também o *enquadre* que o objeto deveria garantir. O treino de futebol faz parte do enquadre mínimo que sustenta Antônio em seu cotidiano – de resto, à deriva. Era para ser algo estável e previsível, mas a historinha mostra que não é.

Quando escutamos essa historinha, sentimos que uma violência foi cometida contra a criança-em-Antônio. Mas, de que violência se trata? O objeto está lá, e depois, do nada, não está mais lá. Ele "cai" do psiquismo do objeto, o enquadre some, e ele *fica no vácuo*.

Oppss! Ficar no vácuo! É exatamente a experiência da analista! Sessão após sessão, ela sofre a mesma violência descrita na historinha! Inconscientemente, Antônio faz/repete com a analista o que foi feito com ele.

Vejam como os conceitos podem ser usados como instrumentos de trabalho, permitindo articular teoria e clínica. Na minha interpretação, a historinha do "futebol que some" mostra o fracasso do *holding* (Abram, 2000) por parte do objeto primário de Antônio. Quando o psiquismo do objeto deixa de "portar" o bebê, este vive uma súbita interrupção em seu sentimento de continuidade de ser e existir. Tanto a historinha quanto a contratransferência da analista me permitem imaginar que o objeto de Antônio tenha fracassado na função de garantir a experiência de *continuidade do* self *no tempo e no espaço.*

Os traços dessa experiência traumática, não simbolizada, ficaram inscritos no Id (ver Capítulo 2, "Você sabe para que serve uma análise?", do volume 1) e agora estão se atualizando no campo transferencial: é a analista que experimenta esse ficar pendurada no vazio, assim como Antônio, que vai para o treino e descobre que não tem mais futebol para ele. "Você não faz mais parte do time." É a melhor descrição que ele poderia fazer do *tipo de vínculo* no qual ele precisou se constituir.

Não só a contratransferência ganha sentido, como mostra ser complementar à transferência: um some, o outro fica pendurado no vazio. O traumático que está sendo atualizado nos atrasos e sumiços de Antônio poderia ser formulado assim: *preciso que você sinta na carne como você fica pendurada no vazio quando não sabe se/quando eu venho à sessão. Conte-me que violência foi essa que eu vivi tantas vezes, sem ter a menor condição de dar algum sentido ao meu sofrimento.*

Retomamos o primeiro encontro, quando nossa colega compartilhou sua frustração com os constantes atrasos de Antônio. Não era apenas frustração. Conforme antecipei naquele *spoiler*, o material que surgiu no quarto encontro funcionou como *fato selecionado* (Sandler, 2021) e permitiu dar sentido ao conjunto do material. A frase "Mesmo sabendo que ele atrasa sempre, sou sempre pega de surpresa" indica que, a cada vez, ela vive um microtraumatismo, o que corresponde à experiência de Antônio num vínculo primário com um objeto inconstante, imprevisível e incapaz de garantir um *holding* suficiente. Todos tivemos essa experiência traumática na pandemia quando, de um dia para o outro, perdemos o *holding* proporcionado pela nossa rotina (os nossos futebóis). Tudo o que julgávamos estável e que garantia nosso sentimento de continuidade do ser e do existir foi para o espaço.

Falei do fracasso do *holding*, mas há também um fracasso do criado-achado (Abram, 2000). "Ora o seio está lá onde o espero, ora não está. Não tenho como me preparar para o encontro com o não seio, o que me desorganiza sempre". Como sabemos, quando o seio quase nunca está onde é esperado, dá-se uma experiência de ilusão negativa. Ao contrário da ilusão positiva ("fui eu que criei o seio, ele estava lá onde eu o alucinei"), o narcisismo vai se constituir de forma negativa. No lugar da potência e da pulsão de vida, a impotência e a pulsão de morte. Não é à toa que a vida de Antônio está travada.

Essa leitura nos ajuda a formular mais uma hipótese sobre como interpretar os atrasos de Antônio. Pudemos entender que nossa colega está no lugar da criança-nele, e ele está no lugar do seio que nunca está onde é esperado. A identificação com este seio está sendo agida na transferência e seu impacto é captado pela/na contratransferência. É toda essa dinâmica que precisa ser elaborada para que Antônio possa integrá-la ao invés de atuar.

Como vimos, a analista se retraumatiza a cada vez porque não tem como se preparar para o que vem. Ela fica nas mãos dele, sem poder fazer nada, assim como a criança-nele fica nas mãos desse seio, aqui representado pelo pai que paga/não paga mais o futebol. É o próprio enquadre que está sendo usado para a atualização transferencial do traumático.

Estamos falando do fracasso do criado-achado, mas o material fala também do fracasso do destruído-reencontrado (Roussillon, 2013).

Se a criança se desorganiza quando o seio não está onde é esperado, ela vai chorar em ódio e desespero. Para piorar, o seio vai fracassar também em sua outra função, que é a de conter e transformar o ódio e o desespero em algo tolerável para o psiquismo do bebê.

Para explicar melhor essa ideia, ocorre-me uma imagem. O seio não vai conseguir "*matar no peito*" os *afetos violentos que ele mesmo desencadeou* com seu modo de presença intermitente e traumático. Assim que escuta a expressão "matar no peito", a colega associa com uma historinha sobre o *futebol*.

> *Adoro jogar futebol. Mas de vez em quando me dá um apagão. Começo jogando bem, mas de repente parece que não estou mais lá. Já me aconteceu de a bola bater no meu peito e morrer. O corpo não sabe mais o que fazer e começo a errar muito. Não sei de onde vem isso, pois eu gosto muito de jogar e sei que jogo bem. Fora nessas horas de apagão...*

M – COMO ESCUTAR ESSA HISTORINHA SOBRE O APAGÃO?

A imagem do apagão é perfeita para descrever um objeto que está fisicamente presente, mas psiquicamente ausente. Para se sentir vivo e presente no vínculo, o psiquismo da criança precisa se sentir sustentado pelo psiquismo do objeto. Se este sofre um apagão, a criança sofre um apagão junto. Ela simplesmente não está mais lá. A historinha de Antônio diz exatamente isso: ele estava presente no jogo, e de repente, tal como o objeto, ele não está mais lá. O corpo fica oco e não consegue mais jogar.

~

Duas historinhas, duas modalidades de presença traumática por parte do objeto que afetam a constituição de um bom narcisismo primário: o fracasso do criado-achado (chega para o treino e descobre que não está mais no time); e o apagão do psiquismo do objeto (seu próprio apagão no futebol). Elas funcionam quase como uma *legenda* para o reconhecimento desse campo transferencial, pois a analista vive na carne da contratransferência essas duas situações desorganizadoras: ou Antônio se atrasa, ou ele simplesmente se esquece do horário da sessão (horário que ele mesmo havia pedido para mudar).

Outro elemento importante da historinha sobre o futebol é que ele lembra aqueles pesadelos nos quais quem sonha tenta fazer um movimento, mas não consegue (paralisia do sono). Aliás, logo na primeira entrevista tivemos material desse tipo que só pudemos (re)significar agora. Ele estava indo para o consultório da analista quando acabou a bateria do seu celular. Como o endereço estava lá, não conseguia chegar, não tinha como avisá-la e não sabia o que fazer. Já aqui o vínculo com a análise mostrava ser frágil e virar fumaça. Ficou à deriva na rua até conseguir alguma bateria para o celular.

Com toda razão, Antônio se pergunta de onde lhe vem isso? Ele sente que, como um autômato, ele está sendo agido por essa identificação. É isso mesmo, pois a identificação com esse aspecto do objeto não está subjetivada.

Nossa colega volta a falar da sensação de que essa análise não avança. Ela e Antônio até conseguem pensar/elaborar alguma coisa em uma sessão, mas aquilo dura minutos, não se sustenta, perde-se de novo, vira fumaça. Alguém no ateliê retoma o primeiro encontro no qual a analista usou esta mesma expressão. Na ocasião, tinha dito que tentava fazer algum combinado com o pai (para ele não interferir tanto na análise do filho), mas dali a pouco tudo "virava fumaça": no dia seguinte, ele fazia tudo de novo.

Nesse ponto, confirmando essa ideia de vínculos que viram fumaça, nossa colega traz novas associações.

Em algum momento, Antônio contou que, quando era pequeno, os brinquedos de que mais gostava desapareciam. O pai não lhe dizia o que tinha feito com eles. Às vezes, depois de uma briga, eles sumiam para sempre como castigo.

Mais uma associação nessa mesma linha: Antônio mudou de escola várias vezes, mas ninguém o avisava de que isso aconteceria. Ele era pego de surpresa e não tinha tempo para se preparar ou para se despedir dos amigos. De repente, perdia os vínculos com colegas e professores.

Agora que escrevo, lembrei-me de que o vínculo com a mãe também virou fumaça, tanto que ele quase não se refere a ela. Casou-se com outro homem e tem outra família. Antônio pode ir lá quando a situação com o pai está insustentável, mas ele sabe que está lá como hóspede temporário, e não como filho. A mãe não consegue sustentar de modo suficiente um vínculo afetivo com o filho. Nada mais natural do que ele não contar com ela.

Nossa hipótese sobre a natureza do sofrimento da criança-em-Antônio vai ganhando força: ele precisou se constituir com um objeto primário incapaz de sustentar um vínculo de forma contínua e consistente. Ou porque sofre apagões, ou porque é intermitente, ou porque vira fumaça.

Sabemos que esse trabalho vem acontecendo há três anos num enquadre online de duas vezes por semana. Eu me pergunto se teríamos todo esse material, que estamos interpretando na linha do vínculo que vira fumaça, se o enquadre lhe oferecesse um *holding* mais consistente. Ouso pensar que sim: a atualização desse tipo de vínculo na transferência aconteceria de qualquer jeito, porque esse é o traumático que está em demanda de simbolização e de integração. Só que seria muito mais fácil de reconhecê-lo.

~

Um colega no grupo pergunta por que Antônio não desistia da análise. Ele se referia ao padrão de atrasos sistemáticos e de um vínculo que parecia frouxo.

Para nossa surpresa, a analista responde que, apesar dos atrasos, ela o sentia bastante conectado. Ele nunca faltava. Essa observação, aparentemente paradoxal, é muito importante. Cada um vai transferir aquilo que está à espera de simbolização e de integração. No caso de Antônio, era justamente esse tipo de vínculo que estamos tentando caracterizar.

Vejam: alguém vem para a sessão e fica em silêncio. Poderíamos perguntar: então para que vem? Se o paciente não diz nada, não temos como trabalhar. Mas não é assim. Para nós, o silêncio é uma forma de comunicação. O paciente sempre "diz" algo com seu silêncio. Cabe a nós tentarmos entender do que se trata. É como o número zero: ele tem uma positividade, ele *diz algo*. Ele diz "há nada". O zero é essencial!

De modo que Antônio está plenamente em análise, fazendo exatamente o que tem que fazer: atualizar, no campo transferencial, o vínculo que vira fumaça. Cabe a nós vivermos o impacto disso na contratransferência, elaborar e ajudá-lo a simbolizar o que está à espera de simbolização. Ele não vai embora porque "sabe" que sua vida está emperrada por conta desse traumático não simbolizado.

Estamos finalmente reconhecendo a incapacidade do objeto primário de sustentar a continuidade do vínculo inicial com o bebê (o futebol, a escola, os brinquedos e até a analista, que estão lá, depois não estão mais). Estamos pisando em terreno ligado ao *arcaico*, bem mais relevante do ponto de vista da psicopatologia do que a pressão que o pai faz para Antônio estudar (que era sua queixa principal).

Volto à questão da escuta analítica. Há duas maneiras bem diferentes de usarmos a historinha.

Podemos supor que, quando o futebol some "na realidade", ele se retraumatiza porque o nervo exposto é cutucado. Ele volta para casa e xinga o pai, eles brigam mais uma vez etc. Contudo, nós não estamos lá para ver tudo isso "na realidade". Estamos com ele em sessão. Nós trabalhamos com a realidade criada pelo discurso do paciente. Ela é nossa matéria-prima porque, ao escutar uma historinha, acessamos algo da *realidade psíquica* dele. É por isso que uso o truque de escutar esse tipo de material como pesadelo. "Como sempre, cheguei no futebol, mas o lugar estava deserto, parecia que eu estava em Marte. Entrei em pânico porque eu estava completamente sozinho."

Escutar a historinha como pesadelo nos permite usar a nossa imaginação clínica e fazer uma construção ficcional sobre a experiência emocional precoce de Antônio.

Enquanto escrevo, lembro-me de dois autores que fazem referência ao arcaico e à sua psicopatologia específica.

A primeira é um vídeo a que assisti no Youtube com uma palestra que Bernard Golse deu em 2019 para a Sociedade Psicanalítica de Porto Alegre (com tradução simultânea). Golse é um psicanalista estudioso do vínculo precoce e da psicopatologia do bebê. Nessa palestra, afirma que o bebê investe primeiro o vínculo, e só depois ele investe o objeto que virá a ser sua mãe. Nessa mesma linha, recomendo também outro vídeo no qual apresenta seu livro *Do sentimento de ser ao sentimento de existir no bebê* (Golse, 2022). Com ele, aprendemos que é possível escutar o bebê-no-adulto, como tentamos fazer nesse ateliê.

Lembrei também que o brincar infantil está a serviço da criação de símbolos. Como todos sabem, o famoso jogo do carretel (Freud, 1920/2010) cria o símbolo da *ausência*. Porém, *antes* de poder brincar disso, a mãe e a criança precisam ter compartilhado o prazer de brincar de "*Cadê a mamãe? Achou!*". A mãe esconde seu rosto com as mãos por alguns segundos, e logo seu rosto reaparece. A criança vibra porque o traumático do breve sumiço da mãe se transforma na alegria do reencontro. Segundo Roussillon (2019), esse jogo permite a criação do símbolo do *vínculo*. A criança tem a experiência emocional da continuidade da existência da mãe, da sua própria continuidade e do vínculo entre elas. O barbante, *vínculo entre a mão da criança e o carretel*, só pode ser usado porque o símbolo do vínculo foi criado anteriormente.

Podemos imaginar que Antônio não pôde brincar disso com seu objeto primário. Não me refiro só ao jogo propriamente dito, mas a todas as situações cotidianas que têm essa mesma estrutura. A constituição do Eu ficou comprometida logo na "largada". O sentimento de ser e de existir vacilam. Ele vem para análise para simbolizar o fracasso desse primeiro investimento. Submetido à compulsão à repetição, esse tipo de vínculo é atualizado na transferência, na esperança de encontrar um objeto capaz de construir junto com ele um *envelope narrativo* (apagão, virar fumaça, ora está, ora não está etc) para essa sensação de "ficar no vácuo".

Retomando a pergunta do colega no ateliê: Antônio não desistia da análise pelo mesmo motivo pelo qual não desistia do futebol: nos momentos em que o vínculo estava ativado, ele funcionava e era muito bom. Apesar da intermitência, havia um engajamento afetivo de lado a lado, ele se sentia vivo e algo se movimentava.

No fim do quarto encontro conseguimos uma hipótese mais consistente sobre o que os atrasos sistemáticos atualizam no campo transferencial. Como tudo isso reverte para a clínica? Infelizmente, como esse ateliê só ficou um pouco mais "resolvido" nos 45 minutos do segundo tempo, não tivemos tempo de conversar sobre estratégias de intervenção.

Mas agora que escrevo, e tendo em mente a importância do enquadre – de sua função de *holding* para sustentar o sentimento de ser e de existir – não sei se um trabalho exclusivamente online é suficiente. Além disso, poderíamos tentar intervenções que fizessem referência às palavras do paciente, mostrando que ele não vira fumaça na cabeça da analista. Por exemplo, citá-lo explicitamente quando algum material evocasse associações.

Interpretaríamos as novas historinhas tendo como pano de fundo o pensamento clínico que pudemos elaborar. Por exemplo: se ele contasse que chegou na faculdade e seu único amigo mudou de curso sem avisá-lo, teríamos como falar sobre como é a experiência de ficar no vácuo quando a amizade vira fumaça. Também seria mais fácil atravessar o matagal de queixas contra o pai e focar no sofrimento ligado ao arcaico em demanda de simbolização. Em algum momento, poderia ser oportuno propor uma interpretação diretamente transferencial sobre o que é *nunca saber o que esperar de Antônio, assim como ele nunca sabe o que esperar do pai.*

O que aprendi com este ateliê?

Gostei muito deste ateliê porque ele teve um ponto de virada claro. E gostei porque aguentamos firme, até o meio do quarto encontro, elaborando e descartando hipóteses, até que algo de fato fez sentido para nós, e sobretudo para a colega que atende Antônio.

Aprendi que um deslocamento muito sutil da escuta pode fazer uma diferença enorme na compreensão do caso. O ponto de virada foi, claramente, quando escutei a historinha do futebol – sou refém do meu pai/ele não pagou/fiquei sem futebol – fora daquilo que seria o "assunto principal" (que pai horrível ele tem). Faço um esforço para sair de "mais do mesmo" e finalmente consigo escutar algo novo: ele chega para seu treino, e o futebol desapareceu!

O importante não é o que o pai fez, mas sim que o futebol desapareceu. Antônio contava com esse elemento que enquadrava seu cotidiano praticamente vazio e que lhe dava alguma sustentação (*holding*). Por isso, ele fica no vácuo quando some de uma hora para outra. Essa escuta se relaciona imediatamente a uma informação preciosa a respeito da contratransferência: a analista é sempre pega de surpresa; mesmo sabendo que ele se atrasa, a cada vez ela fica, digamos, no vácuo. A cada vez, ela sofre um novo microtraumatismo.

As duas coisas juntas – a contratransferência e o conteúdo da historinha – me aproximam do que poderia ser o traumático precoce. Quando o vínculo primário é intermitente, a criança "cai" do psiquismo do objeto. Foi quando "enxerguei" o fracasso do *holding*, e a dor da experiência de descontinuidade do *self* do bebê no tempo e no espaço. Conseguimos imaginar a criança-em-Antônio atordoada, perdida na vida e perdida de si mesmo. O mais interessante é que essa configuração estava presente desde a primeira entrevista, quando ele estava se dirigindo ao consultório e seu celular (com o endereço) "pifou". Virou fumaça.

Referências

Gostaria de prestar um esclarecimento em relação às referências bibliográficas dos vários volumes que compõem a *Série Ateliê Clínico*.

Os ateliês são atividades cujo ponto de partida sempre é material clínico. Meu foco é a escuta e a elaboração de um pensamento clínico, o que supõe que a teoria está sempre lá como pano de fundo da dinâmica de cada encontro. Falo a partir do repertório teórico-clínico criado-achado ao longo de todos esses anos, a maior parte do qual está publicada nos meus livros, com as respectivas referências.

Não tenho a intenção de escrever textos que funcionem como referência para trabalhos acadêmicos, mas propor uma conversa despretensiosa que seja útil para a prática clínica de jovens colegas. Por essa razão, no calor dos ateliês aqui relatados, raramente cito meus autores de referência. Mas estou o tempo todo usando ideias que, como disse, foram criadas-achadas na minha relação (de incorporação canibalística?) com todos eles. Você vai notar que elas se repetem em muitos dos ateliês justamente porque são o fundamento da minha clínica.

Abram, J. (2000). *A linguagem de Winnicott*. Thieme Revinter.

Aronofsky, D. (Diretor). (2010). *Cisne Negro* [filme]. Fox.

Aulagnier, P. (1979). *A violência da interpretação – do pictograma ao enunciado*. Imago.

Bion, W. R. (1994). Uma teoria sobre o pensar. In *Estudos psicanalíticos revisados – Second Thoughts* (3ª ed. revisada, pp. 127-137). Imago. (Trabalho original publicado em 1967)

Ferenczi, S. (1991). Transferência e introjeção. In *S. Ferenczi, Psicanálise I*. Martins Fontes. (Trabalho original publicado em 1909)

Freud, S. (2010). O inconsciente. In *Introdução ao narcisismo, ensaios de metapsicologia e outros textos* (Coleção Obras Completas, Vol. 12, pp. 99-150). Companhia das Letras. (Trabalho original publicado em 1915)

Freud, S. (2010). Além do princípio do prazer. In *"O homem dos lobos" e outros textos* (Coleção Obras Completas, Vol. 14, pp. xx-yy). Companhia das Letras. (Trabalho original publicado em 1920)

Freud, S. (2012). Totem e tabu. In *Totem e tabu, Contribuição à história do movimento psicanalítico e outros textos* (Coleção Obras Completas, Vol. 11, pp. xx-yy). Companhia das Letras. (Trabalho original publicado em 1913)

Golse, B. (2019, 18 set.). *Do corpo ao pensamento: a importância dos cuidados cotidianos do bebê*. [Palestra]. Sociedade Psicanalítica de Porto Alegre. Youtube. https://www.youtube.com/watch?v=1N-ybRNMUT4. Acesso em 19 fev. 2024.

Golse, B. (2022). Apresentação do livro *Do sentimento de ser ao sentimento de existir no bebê*. [Entrevista]. Instituto Langage. Youtube. https://www.youtube.com/watch?v=OJQrJoNKFqc. Acesso em 19 fev. 2024.

Green, A. (1984). Les langages dans la psychanalyse. In *Langages, IIème rencontres psychanalytiques d'Aix-en-Provence, 1983* (p. 19-250). Les Belles Lettres.

Klein, M. (1991). Notas sobre alguns mecanismos esquizóides. In *Obras Completas de M. Klein* (vol. III, pp. xx-yy, B. Mandelbaum trad.). Imago. (Trabalho original publicado em 1946)

Klein, M. (1997). *A psicanálise de crianças*. Imago.

Minerbo, M. (2016a). Transferência. In *Diálogos sobre a clínica psicanalítica* (pp. 15-48). Blucher.

Minerbo, M. (2016b). Trauma e simbolização. In *Diálogos sobre a clínica psicanalítica* (pp. 81-106). Blucher.

Minerbo, M. (2019a). *Neurose e não neurose* (2a ed.). Blucher.

Minerbo, M. (2019b). *Novos diálogos sobre a clínica psicanalítica*. Blucher.

Minerbo, M. (2021, 29 abr.). *O supereu cruel: contribuições teórico-clínicas – Marion Minerbo*. [Vídeo]. SPBsb Sociedade de Psicanálise de Brasília. YouTube. https://youtu.be/KfRFDCyr85w?si=R8lXWmDBQZs9ET4X. Acesso em: 20 fev. 2024.

Minerbo, M. (2023). *Notas sobre a aptidão à felicidade*. Blucher.

Ogden, T. (2009). *Esta arte da psicanálise: sonhando sonhos não sonhados e gritos interrompidos*. Artmed.

Roussillon, R. (2013). A destrutividade e as formas complexas da "sobrevivência" do objeto. *Psicanálise – Revista da Sociedade Brasileira de Psicanálise de Porto Alegre, 14*(2), 553-572. 10.60106/rsbppa.v14i2.474 Disponível em: https://revista.sbpdepa.org.br/revista/article/view/474 Acesso em: 19 jan. 2024.

Roussillon, R. (2014). O trauma narcísico-identitário e sua transferência. *Revista Brasileira de Psicanálise* [online], *48*(3) [citado 2024-01-19], 187-205. Disponível em: http://pepsic.bvsalud.org/scielo.php?script=sci_arttext&pi-

d=S0486-641X2014000300016&lng=pt&nrm=iso Acesso em: 02 jun. 2024.

Roussillon, R. (2015, dez.). A função simbolizante. *Jornal de Psicanálise*, *48*(89), 257-286. Disponível em: http://pepsic.bvsalud.org/scielo.php?script=sci_arttext&pid=S0103-58352015000200020&lng=pt&nrm=iso Acesso em: 19 jan. 2024.

Roussillon, R. (2019). Um modelo de entrelaçamento de jogos típicos. *Psicologia Clínica*, *31*(2), 217-229. http://dx.doi.org/10.33208/PC1980-5438V0031N02A01 Disponível em: http://pepsic.bvsalud.org/scielo.php?script=sci_arttext&pid=S0103-56652019000200002&lng=pt&nrm=iso Acesso em: 19 fev. 2024.

Sandler, P. C. (2021). *A linguagem de Bion. Um dicionário enciclopédico de conceitos*. Blucher.